どうする？これからの道徳

「教科」道徳への対抗軸を探る

大和久 勝
今関 和子
編著

クリエイツかもがわ
CREATES KAMOGAWA

はじめに

二〇一八年、「特別の教科　道徳」が小学校で始まります。中学校では、二〇一九年がスタートです。これまで長く続いた「特設道徳」としての「道徳の時間」は成功しませんでした。二〇〇八年の学習指導要領で、道徳を全教育活動の「要」としましたが、要の役割を果たせませんでした。そこで、業を煮やし、さまざまな反対や心配を残しながら踏み切ったのが、今回の「特別教科」への格上げです。

道徳の教科化は、戦後間もなくから「憲法改正」「美しい国づくり」「強い国づくり」などの政策との関わりで求められてきました。「教育基本法」改定に続く「特別の教科　道徳」の導入は、「要」にしてもうまくいかず、強引に「教科」にしてしまったものです。しかも、一教科にせず、「特別の教科」としたのは、教科としての科学性をもてなかったことと、教科以上の力を与えようとしたことにあります。戦前日本の「修身科」の存在に似ています。

春から使われる小学校の検定教科書は、文科省の意図を汲んで仕上がっていますが、今後どのような改訂がなされていくのか、注意深く見守りたいと思います。

いずれにしても、検定教科書に頼って、あるいは縛られての、道徳の授業が、子どもにとって必要な学びとなっていくのでしょうか。やはり、道徳教育は学校教育全体を通じて行われていくものです。道徳性は、子どもの生活と学習の中で育まれていきます。とりわけ、その力になっているのは、日常に展開されている生活指導や自治活動、文化活動を軸にした学校行事や特別活動の領域です。真実や科学に裏打ちされた教科学習を通しても「ものの見方・考え方、行動の仕方、生き方」を学びます。こうした教育活動の総体に支えられているものが道徳教育です。

教科道徳への期待は、保護者の間にもあると言われますが、それは「修身教育」を求めているわけではありません。子どもの健全な成長やいじめや不登校への有効な手立てを求めているのです。

いま大事なことは、保護者・地域の人たちとも話し合って、子どもの道徳性の指導、道徳教育への合意と実践を作っていくことではないでしょうか。やはり、教職員の対話と共同、保護者との対話・共同によって、本来の「子どもたちのための道徳教育」「主権者を育てる道徳教育」を学校の中に確立していくことになるのだと考えます。

その一助になればと思い、本書をまとめました。

私たちは、二〇一四年六月に『対話と共同を育てる道徳教育』という本を出しました。これは、道徳の教科化が具体的な政策として登場してきた時でした。政府や文部科学省（文科省）の教育の反動的な意図を感じ、道徳の教科化に反対し学校における道徳教育を育てる観点で、理論と実践を提起しました。出版をきっかけに、私たちは、「対話と共同を育てる道徳研究会」を発足させ、「教科化」に対抗する実践的な研究を始めました。

あれから三年半がたちました。二〇一七年夏には、「特別の教科　道徳」の小学校教科書の採択がなされ、二〇一八年春から特別教科として実施に入ります。八社の教科書に目を通してみました。読み物教材が主になっていますが、さまざまな問題点が見られます。これでいいのかと感じさせる教材も少なくありません。現場での困惑が、容易に想像できます。しかし、「教科書」ですから使わないで済むものではありません。もともと、教科書だけに頼るものでないことは誰もが承知していることですが、やはり、教科書は中心的に扱われます。しかも、実施当初はなおさらです。

ではどうしたらよいか。私たちは、『私たちの道徳』の分析検討を経て、今回の検定教科書教材の分析をしました。そして、教材の問題点を乗り越える授業を具体的に考えました。対話と共同を育てる授業の構想をテーマに、教科書教材を分析し、その問題点を明らかにして授業案づくりを研究してきました。

第1章では、「どうする?　これからの道徳教育と道徳の授業」という表題で、子どもの現実から出発することの大切さを再確認したいと考えました。政府・文科省のねらいを明確にしながら、これからの道徳教育の全体の姿をはっきり捉えることも大事にしました。また、「考え、議論する」道徳の授業づくりについての提言をしています。指導要領が示す「指導内容」をテーマにして学び合うことを提起しました。

第2章では、「道徳教科書教材をどう読むか」という表題で、二〇一八年春から小学校で使われる検定教科書の批判的検討をしました。「擬人化」の問題をはじめ、教科書教材に見られる問題点を指摘しています。

第3章では、2章で試みた批判的検討をもとに、どのような授業を展開したらよいかを考えました。現場の先生方の悩みに応えようとするものです。各社共通して使われている教材を中心に取り上げてみました。教科書採択が行われた後、採択の多かった教科書を選び、検討したものですが、まだまだ研究はスタートしたばかりです。今後、授業案を使って授業した場合の反応についても追跡調査しながら、さらに検証、検討を加えていきたいと考えています。

二〇一八年三月

大和久　勝

どうする？ これからの道徳
「教科」道徳への対抗軸を探る
目次

第3章 〃考え、議論する〃道徳の授業づくり 教科書教材を使って　105

第1章

どうする？これからの道徳教育と道徳の授業

大和久　勝

いじめ・不登校、虐待、貧困・格差、低学力など、子どもと教育をめぐる状況は深刻です。そんな中、「道徳の教科化」によって、子どもたちの人格形成は、ますますおかしなものになっていきそうです。未来社会を担う子どもたちを育てていくために、私たちはどうしたらよいでしょうか。これからの道徳教育と道徳の授業について考えていきたいと思います。

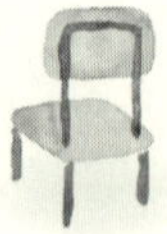

はじめに

いま、子どもたちは？

かつて、子どもたちは家庭の生活・地域の生活と学校生活の中で確かな成長を進めてきました。今の子どもたちはどうでしょうか。自分たちの身を置いている家庭、地域、学校に満足しているでしょうか。とりわけ、子どもが多くの時間を過ごしている学校は、どうでしょうか。家庭や地域は、子どもの成長のために十分な力を発揮しているでしょうか。

戦後七〇年、家庭、地域、学校の変化の中で、二〇年前、三〇年前と比べ、個々の子どもたちの生きづらさは増しています。学習についていけない、友だちがいない、思い切り遊べない、学校が楽しくない、家庭にも地域にも居場所がない、大人に認められていない、自分に自信がもてない、何のために勉強するのかわからない、将来の自分が描けないなど。

いじめや不登校、虐待・ネグレクトなども深刻です。数を見ただけで、二〇年前、三〇年前とは比べものになりません。いじめや不登校の背景には、過度な競争教育と管理教育があります。虐待・ネグレクトの背景には、新自由主義による自己責任論や貧困・格差の拡がりがあります。今、子どもたちも、おとな同様に、権利を奪われ、ばらばらにさせられています。アトム化（孤立化）された時代に入っていると言えます。私たちが、そうした状況をどのように克服していくかが問われます。大人の努力が求められています。いつの時代も同じです。子どもは、環境の中で育っています。家庭、学校、地域社会が、子どもの人格形成や道徳性の育成を決めていきます。

知っておきたい 子どもの生きづらさの深まりの背景は？

学校の先生方から、「早くやめたい」という言葉を聞くようになったのは、いまから二〇年以上も前、一九九〇年後半以降でしょうか。教員に対する管理・統制が厳しくなり、働く権利を奪う組合攻撃も激しくなっていきました。職員会議も事実上なくされ、働き方を自分で決めることができず、働きにくさが増したからです。「学校を早めに辞めたい」という話を各所で聞くようになりました。

学校で働く事情がきつくなってきた、教育内容にも押しつけが強まってきたということの苦情としては受けとめることができましたが、いろいろな場所、中でも、保護者・市民と一緒の場所で、公然と発言しているのを聞くと黙っていられなくなりました。

「先生たちが（しかも普段からがんばっている先生たちが）、本気に学校をやめたいと言うのは、とんでもない話だと思います。先生たちがつらい苦しいという時、学校の中で一番つらいのは、苦しんでいるのは、誰ですか？」と問いかけました。

働く者の権利を奪われ、教育の自由を奪われ、悲鳴を上げている先生たちの実情は理解できます。私もその渦中にいましたからよくわかります。しかし、そんな中で、一番つらいのは、苦しいのは、誰でしょうか。子どもたちですよね。そして子どもを育てている親たちです。頑張っている先生方が、やめていく場合ではないでしょうという呼びかけに「そうだな。愚痴るのは内々にしておこう」という反応はもらえました。半分本気で半分は愚痴りたかったということなのでした。

しかし、その頃からでしょうか、保護者と先生の間で、すれ違いや対立・トラブルが増えるようになったと思っています。相互のストレスが激しくなったためでしょうか。保護者をモンスターペアレントとか呼んで、対立が煽られた時期もありました。相互の不信感は強まっていきました。

子どもたちの世界も変化してきました。競争の教育が、子どものストレスの最大の因子になっています。競争教育の勉強は、子どもを早くから「できる子」「できない子」により分け、多くの子どもが劣等感を与えられ、「わかる喜び」や「みんなで学ぶ心地よさ」を得ることができないでいます。「学力テスト体制」でつくられたこの間の「学力向上」政策で、テストばかり繰り返したり、夏休みを減らしてまで授業時間を伸ばしたりするなども、子どもに強いストレスを与えています。

競争の教育と一体で進められている管理の教育は、子どもたちのさまざまな問題行動を上から押さえ込むものです。たとえば、この間「ゼロトレランス（寛容ゼロ）」政策が各地で導入されています。子どもが失敗したり、悪さをしたりするのは、何らかの悩みや事情があるからですが、そうした悩みや事情を聴きとられず、頭ごなしに否定されたり機械的に罰を与えられたりすれば、子どもは心に憎悪の感情を抱くようになります。一九八〇年代の校内暴力・非行は、子どもたちによる学校への異議申し立てでした。「こんな学校は嫌だ」という意見表明でした。対教師暴力、校内暴力、家庭での親への反抗、外での非行などとして現われました。今は、それが、深刻ないじめや不登校として現われているのです。

子どもたちのストレスを考えるとき、教育自体が競争的で管理的になっていることを考えないわけにはいきません。受験競争は低年齢化し塾通いの割合は一〇数年で倍近くに増え「時間的ゆとりがない」と答える子どもが多くなっています。子どもたちは忙しく遊ぶ時間も減っています。子どもの遊びは、子どもの心を解き放ち、友だちとのトラブルを解決しながら人間関係も学んでいきます。子ども期に欠かせないものです。それが減っていることは大きな問題です。「いじめ」をした子どもたちは「いじめてスカッとした」「自分のみじめな状態を救うために、誰かを否定したくて仕方なかった」と言っています。「いじめ」は、子どもの苛立ちの発散という面があります。「いじめ」が過去と比べ深刻化し、日常化しているのは、子どもたちが強いストレスのもとにおかれたくさんの苛立ちを抱えているからではないでしょうか。

不登校の数の多さにも、驚きます。それも氷山の一角です。学校は、子どもたちに安心できる居場所と活躍できる出番を保障しているのでしょうか。不登校は、なぜ増えているのか。行動と心を縛る学校、共同でなく競争を煽る学校、異質を受容しないで排除する学校に対して、子どもたちが拒否と異議申し立てをしているからです。

近年、子どもたちの虐待が大きく報告されています。なぜ虐待が広がっているのでしょうか。かつては、暴力を受けて育った親がわが子に暴力をするという暴力連鎖と見られていました。いまもそうした面もあるかもしれませんがそれだけではありません。多くの人は、孤立した子育てを強いられています。自己責任論も背景にあります。貧困という問題もあります。最近の子育ての難しさも、虐待・ネグレクトを生んでいます。いじめ・不登校・虐待の問題を個人の問題にしようとすることがありますが、それは違います。学校や社会に問題があるのであって、学校や社会のあり方を問い直す、見直すことが大事なことです。

「道徳の教科化」はいじめの対策のためだと言っています。「道徳」でいじめがなくなるのでしょうか。道徳教育は子どもの心を育てるものだと言います。「心を育てる」とは、上から心のもちようを「押し付ける」ものではありません。「徳目」を並べて注入するようなことも間違いです。

勉強がわかること・できるようになること・認められること・ほめられること・わかりあえること・つながりあえること・遊ぶこと・ゆっくりできること・失敗してもやり直せること……こういう子どもの願い、気持ちに寄り添うこと、子どもの心に共感すること、それが何よりも大切なことだと思います。

こうした共感力を私たちがもつこと、さまざまな体験をもとに子どもたち同士がつながりあうことによって、子どもの心が豊かに育っていきます。子どもの生き方につながっていきます。子どもが育つとはそういうことです。それが道徳教育の土台になるものです。子どもは学習や生活の中で、道徳性を身につけていくのです。

「特別の教科　道徳」は
どのような子どもを育てようとしているか？

「特別の教科　道徳」は、いじめ問題の深刻化をバックに、いじめ対策を口実に登場しました。二〇一三年二月、第二次安倍政権による「教育再生実行会議」が、大津いじめ事件に対応する形で道徳の教科化を主たる内容とする「提言」を発表してから、「道徳教育の充実に関する懇談会」審議を経て、二〇一四年の「中教審答申」になりましたが、実に早い展開でした。第一次安倍政権の時にも、教科化への諮問があったのですが、実現しませんでした。

今回、いじめ問題に絡めて道徳の教科化を主張する形をとっていましたが、安倍政権にとっては「初めに道徳の教科化ありき」で、それがいじめ対策につながるという論法は、後付けの理由にすぎなかったのです。

では、道徳の教科化は、いったい誰のため、何のために考えられているのでしょうか。二〇〇六年の新教育基本法の成立によって、国がめざす道徳教育の方向が定められました。第二条（教育の目標）で、公共の精神、伝統と文化、愛国心、郷土愛などが強調され、国家が要請する「徳目教育」を推し進めようとしています。

新学習指導要領では、細分化された内容項目について、「指導の観点」を示しています。小学校は、低学年一九項目、中学年二〇項目、高学年二二項目、中学校二二項目です。私たちが危惧するのは、「…をしなければならない」「…のように生きなければならない」「…のような考え方をすることが望ましい」というような考え方・生き方の押し付けになってしまわないかということです。押し付けられたところで、子どもたちの生きる力にはなっていきません。

伝統・文化、愛国心、郷土愛など国家の要請する「徳目」の押し付け、繰り返しの刷り込みなどによって、子どもの心を束縛してしまう危険も含まれています。検定教科書によっての縛り、さらに評価導入による束縛の危険もあります。人格を評価されていく子どもたちの心の自由は約束できるのでしょうか。

森友学園問題

大変わかりやすい事件が起きました。これはしっかり分析しておかなければと思いました。「日本が他の国々に負けぬよう尖閣列島、竹島、北方領土を守り、日本を悪者として扱っている中国、韓国が心改め、歴史教科書でうそを教えないよう、お願いいたします。安倍首相がんばれ！　安倍首相がんばれ！　安保法案、国会通過、よかったです！」

運動会の選手宣誓で幼稚園児たちに「安倍首相がんばれ！」と連呼させているビデオ映像が、日本国中の茶の間に送られて時の話題となりました。多くの人がその異常さに目を疑いました。これは、日本の人々のごく普通の感覚です。

安倍首相本人は、問題発覚当初の国会答弁では、「私の考え方に非常に共鳴している方だ」「妻から、森友学園の先生の教育に対する熱意は素晴らしいという話を聞いている」と言っていました。それが、後には、教育基本法に違反するのではないかという指摘を受け、「『安倍総理がんばれ』とか、園児に言ってもらいたいということはさらさらないし、私は適切ではないと思う」「森友学園で行われている教育の詳細はまったく承知していない」と言い訳をして責任を逃れようとしました。

学園が大阪豊中市内に新設予定の小学校の名誉校長に就任していた安倍首相の妻昭恵氏が二〇一五年九月、幼稚園で行った講演で「この幼稚園でやっていることが本当にすばらしいんですけども、それがこの幼稚園で終わってしまう。ここから普通の公立の学校に行くと、普通の公立の学校の教育を受ける。せっかくここまで芯ができたものが、またその学校に入った途端に揺らいでしまう」（テレビ東京のニュース映像）と語っていました。「断り切れなくて名誉校長に就任した」と言いますが、「籠池園長・副園長の熱い思いを聞いて、私も役に立てればいいと思っていました」「こちらの教育方針は大変主人もすばらしいと思っていた」等、学園への強い思い入れを語っていました。

本音が見え隠れしている・その行く先は？

安倍首相は国会答弁の中で森友学園の教育について「しつけをしっかりする、伝統や文化を大切にする。日本の歴史についても大切にしている」と述べていました。森友学園は、どのような教育方針をもっているのか。その中でも、際立っているのが、「教育勅語」の素読。映像によると、幼稚園の修了証書授与式で、園児が教育勅語を暗唱する姿が記録されています。実に驚きの映像です。

「教育勅語」とは、天皇を頂点とする秩序をめざし、教育の基本理念を示したもので、「我が臣民」「皇室国家につくす」(現代語訳)といった表現があり、「万一危急の大事が起こったならば、大義に基づいて勇気を奮い一身を捧げ」とも記されていて、ここの部分も園児たちは声にしていたと言います。

さて、国会答弁ではどのようなことが言われたのでしょうか。文科省の藤江陽子・大臣官房審議官は、二〇一六年二月二三日の国会審議で「教育勅語を我が国の唯一の根本理念として、戦前のように学校教育に取り入れて指導することであれば適当ではない」と説明する一方、「教育勅語の中には、今日でも通用するような普遍的な内容も含まれている。適切な配慮の下に、していくことは差し支えない」と述べました。

「教育勅語」は、終戦後の一九四八年、衆参両院が排除・失効の確認をしているのですが、今までにも、「教育勅語」を称賛する大臣が何人もいました。最近では、稲田朋美防衛大臣が在任中に、国会答弁で「日本が道義的国家をめざすその精神は取り戻すべきだ」と言いました。

自民党議員の約二四〇人が「日本会議」の国会議員懇談会に名を連ね、閣僚の大半がメンバーです。その日本会議の大阪支部の役員であった籠池学園長への肩入れは特別なものでした。異常な安価で国有地が売却された事実を見れば明らかです。政権の驕りといえばそうかもしれませんが、一連の動きを見ると日本会議の目標である「憲法改正」と強く結びついていることがわかります。

稲田防衛大臣の言動は、国会でも問題にされましたが、日本会議の集会での発言は「教育勅語」を擁護する本心が表されています。「国民の一人ひとり、皆さん方一人ひとりが、自分の国は自分で守る。そして自分の国を守るためには、血を流す覚悟をしなければならないのです」と絶叫しています（動画で見ることができます）。

日本会議、そして自民党がめざす憲法改正と〇六年教育基本法改定、道徳の教科化は連動しています。森友学園問題は、非常に象徴的な事件なのです。

戦争法に続く道徳の教科化、その先に、憲法改正、徴兵制などが見えてくるのです。子どもたちの幸せの方向とは真逆です。

入り口は愛国心の押し付け？……三歳児から君が代・日の丸

二月一四日、政府は、二〇一八年からの保育所保育指針改定案を公表しました。そこには、三歳以上の幼児を対象に、「保育所内外の行事において、国旗に親しむ」「正月や節句など日本の伝統的な行事、国歌、唱歌、わらべうたや日本の伝統的な遊びに親しむ」と盛り込まれています。どんな子どもを育てようとしているのかがよくわかります。

幼稚園については、文科省が「幼稚園教育要領」改定案で、現行にある「国旗」に加えて「国歌」にも「親しむ」としました。こうした動きの背景には、二〇〇六年の教育基本法改定があります。改定では、「伝統、文化の尊重」が盛り込まれました。「家族愛」「郷土愛」「愛国心」と結びついています。それは、「特別の教科　道徳」の指導内容の骨格ともなっています。

「君が代」の歌詞は「天皇の世の中が未来永劫続きますように」というもので、主権在民という国のあり方に真っ向から反する内容です。一九九九年、国旗国歌法制定の際に国民世論は二分し、政府は「義務付けは行わない」「無理強いして斉唱させれば内心の自由に関わる」と繰り返し答弁しました。ところが自民党政権はその後、こうした約束を踏みにじり、小中高校での強制をエスカレートさせました。

安倍政権は、一昨年大学への押し付けを始め、今回ついに幼児教育まで広げようというのです。歌詞の意味もわからない子に「わらべうた」のように「君が代」を歌わせるのです。幼児には「国」とは何かも理解できません。幼い子どもたちに「君が代・日の丸」への愛着を刷り込もうというのがねらいです。

これは憲法一九条「思想良心の自由」に反しています。幼児の心を都合よく操作することになります。幼児期にそうしたことを繰り返せば、どうなるのでしょうか。私たち誰もが求める「主体的な子ども」「自主的に判断できる子ども」「主権者としてふさわしい力をもつ子ども」を育てることになるのでしょうか。まったく違います。偏狭な「愛国主義」を助長する点でも重大です。

小中高校への長年にわたる「君が代・日の丸」の強制は、教育に欠かせない自由や自主性を奪ってきましたが、幼稚園、保育園にも、強制が広がっていくことが懸念されます。さらに保護者や地域の人たちを巻き込むこともねらいとされています。国民全体にかけられた心理的操作をすすめようとしているのです。前回オリンピック壮行会での森喜朗会長発言や、スポーツ会場での緩やかな強要も、こうした流れとつながっています。

日本人としての自覚、誇りを強調……排他的なナショナリズム

森友学園のホームページで昭恵夫人は「優れた道徳教育を基として、日本人としての誇りをもつ、芯の通った子どもを育てます」と、あいさつ文で同校を褒めたたえていました。（現在、あいさつはホームページから削除）日本人としての自覚、誇りも、新しい道徳のキーワードです。森友学園では、中国や韓国を排斥する言葉も飛び交っています。保護者の間でも問題になりました。「多様性の尊重」が求められる時代に逆行しているとしか思えません。幼少期に、排他的なナショナリズムを育てていっていいのでしょうか。

国の未来のために国を愛することと、他国を尊重すること、他国の人と対話し相互理解すること、世界平和を求め行動することなどが、いま、子どもの教育に欠かせないことになっています。

擁護したり、称賛したりの
「教育勅語」とはどんなもの？

「教育勅語」とはどんなものなのでしょうか？　私たちはそれほど多くを知りません。「朕惟うに…」から始まることは知っていても、その後に何が書かれていたのか、知っている人は少ないと思います。しかし、今知っておかないととんでもないことに利用されていってしまうことを感じます。「教育勅語」には、良いことが書かれているという宣伝が、政府筋や学者の中からも言われることがしばしばあるからです。

まず、昔のままの原文で読んでみましょう。そして、その次に口語訳で読んでみましょう。原文には、意味をつかみやすくするために句読点と読むのに便利な濁点を数か所入れました。

教育勅語は、明治二三年（一八九〇）に発布されて以来、学校などで五〇年以上の間、四大節の式典に朗読されてきました。また、各学年の修身の教科書の最初のページに掲載されていました。四大節とは一九四五年まで行われた四つの祝日。四方拝（一月一日）、紀元節（今の建国記念日）、天長節（天皇誕生日）、明治節（明治天皇の誕生日、今の文化の日）のことです。

原文は次の通りです。

朕惟フニ、我ガ皇祖皇宗肇ムルコト宏遠ニ、徳ヲ樹ツルコト深厚ナリ。
我ガ臣民、克ク忠ニ克ク孝ニ、億兆心ヲ一ニシテ世々厥ノ美ヲ濟セルハ、
此レ我ガ國體ノ精華ニシテ、教育ノ淵源亦實ニ此ニ存ス。
爾臣民、父母ニ孝ニ、兄弟ニ友ニ、夫婦相和シ、朋友相信ジ、恭儉己レヲ持シ、
博愛衆ニ及ボシ、學ヲ修メ、業ヲ習ヒ、以テ知能ヲ啓発シ、徳器ヲ成就シ、
進テ公益ヲ廣メ、世務ヲ開キ、常ニ國憲ヲ重ンジ、國法ニ遵ヒ、
一旦緩急アレバ義勇ニ奉ジ、以テ天壌無窮ノ皇運ヲ扶翼スベシ。
是ノ如キハ、獨リ朕ガ忠良ノ臣民タルノミナラズ、又以テ爾、祖先ノ遺風ヲ
顕彰スルニ足ラン。
斯ノ道ハ實ニ我ガ皇祖皇宗ノ遺訓ニシテ、子孫臣民ノ倶ニ遵守スベキ所、
之ヲ古今ニ通ジテ謬ラズ、之ヲ中外ニ施シテ悖ラズ。
朕、爾臣民ト倶ニ拳々服膺シテ、咸其徳ヲ一ニセンコトヲ庶幾フ。

現代語訳は次のようなものです。（国民道徳協会の現代語訳をもとに若干手を加えました。例えば、国民→原文の臣民としました。）

私が思うには、わが皇室の先祖が国を始められたのは、はるかに遠い昔のことで、代々築かれてきた徳は深く厚いものである。

わが臣民は、忠義と孝行を尽くし、全臣民が心を一つにして、世々にわたって立派な行いをしてきたことは、わが国のすぐれたところであり、教育の根源もそこにある。

あなたたち臣民は、父母に孝行し、兄弟仲良くし、夫婦は仲むつまじく、友だちとは互いに信じあい、行動は慎み深く、他人に博愛の手を差し伸べ、学問を修め、仕事を習い、それによって知能をさらに開き起こし、徳と才能を磨き上げ、進んで公共の利益や世間の務めに尽力し、いつも憲法を重んじ、法律に従いなさい。

そして、もし危急の事態が生じたら、正義心と勇気をもって公に奉仕し、それによって、永遠に続く皇室の運命を助けなさい。

これらのことは、単にあなた方が私に忠義心あつく善良な臣民であるということだけでなく、あなた方の祖先の残した良い風習を褒め称えることになります。このような道は、実にわが皇室の祖先が残された教訓であり、その子孫と臣民が共に守っていかなければならぬことで、昔も今も変わらず間違いのない道理で、国の内外に示しても恥じることではない。

私は、あなたたち臣民と共に、この教えを胸中に銘記して守り、皆が一致して立派な行いをしてゆくことを、切に願っている。

読んでみていかがでしたか。どんな道徳内容（徳目）が持ち込まれていたのか、結局、何が日本の人々に求められたのか、読んでみると理解できると思います。この教育勅語は、忠と孝とが「国体の精華」であるとしたうえで、父母、兄弟、夫婦、友人間の徳目を列記し、国家に対する国民の献身を説いています。

このような「教育勅語」を内容的にはいいことを言っているという政治家や学者がいます。誤魔化されないようにするためには、私たちにも、学びが必要だと思います。

知っておきたい　「特設道徳」から「特別の教科　道徳」への道のり

四七年教育基本法と学習指導要領のもとで

四七年教育基本法は前文で

「われらは、さきに、日本国憲法を確定し、民主的で文化的な国家を建設して、世界の平和と人類の福祉に貢献しようとする決意を示した。この理想の実現は、根本において教育の力に待つべきものである」と述べています。

そして、第1条（教育の目的）で、

「教育は、人格の完成をめざし、平和的な国家及び社会の形成者として、真理と正義を愛し、個人の価値をたっとび、勤労と責任を重んじ、自主的精神に充ちた心身ともに健康な国民の育成を期して行わなければならない」

と述べて教育の目的を明確にしていました。

一九九八年（平成一〇年）の小・中学校学習指導要領の総則では、

「学校における道徳教育は、学校の教育活動全体を通じて行うものであり、道徳の時間をはじめとして各教科、特別活動及び総合的な学習の時間のそれぞれの特質に応じて適切な指導を行わなければならない」とあり、「道徳教育は、教育基本法及び学校教育法に定められた教育の根本精神に基づき」と続けていました。

教育基本法改定後の二〇〇八年（平成二〇年）の学習指導要領の総則でも、

「学校における道徳教育は、道徳の時間を要として学校の教育活動全体を通じて行うものであり、道徳の時間はもとより、各教科、外国語活動、総合的な学習の時間及び特別活動のそれぞれの特質に応じて児童の発達の段階を考慮して、適切な指導を行わなければならない」としていて、「要」という強調はなされましたが、基本は変わりませんでした。

ですから、今まで長い間、私たちは、「学校における道徳教育は、学校の教育活動全体を通じて行うもの」「道徳教育は、教育基本法及び学校教育法に定められた教育の根本精神に基づき」という記述をもとにして、道徳教育の在り方を追求してきました。

教育基本法改定と道徳の「特別教科化」のつながり

ところが「改正」教育基本法では、第1条(教育の目的)の後に、第2条(教育の目標)が新たに盛り込まれました。その内容は、学習指導要領第3章「道徳」の中に記された指導内容をほぼ写し取ったものです。学習指導要領の徳目を具体的に並べて記述した意図は、「国家的道徳」を教育現場や国民に(社会教育や家庭教育としても)押し付けようとするものです。

これは道徳教育を重視する路線ではありません。「平和的、民主的な社会の主権者としての人格形成」という本来の道徳教育の重視ではなく、「特設道徳」の導入(一九五八年)以来の政府の意図が一つの形のなったとみるべきです。

二〇一三年二月、第二次安倍政権による「教育再生実行会議」が、大津いじめ事件に対応する形で道徳の教科化を主たる内容とする「提言」を発表してから、「道徳教育の充実に関する懇談会」審議を経て、二〇一四年の「中教審答申」になりましたが、実に早い展開です。

いじめ問題に絡めて道徳の教科化を主張する形をとっていますが、安倍政権にとっては「初めに道徳の教科化ありき」で、それがいじめ対策につながるという論法は、後付けの理由にすぎないのです。いじめ問題解決と道徳の教科化との関連が、納得いくように説明されてはいませんでした。

では、道徳の教科化は、いったい誰のため、何のために考えられているのでしょうか。前述のように、二〇〇六年の新教育基本法の成立によって、国がめざす道徳教育の方向が定められました。第二条(教育の目標)で、公共の精神、伝統と文化、愛国心、郷土愛などが強調され、国家が要請する「徳目教育」を推し進めようとしています。「特設道徳」導入(一九五八年)以来の政治的意図が一段と強化された形です。

道徳の「特別教科化」と憲法との関わり

ここで知っておきたいことは、憲法との関わりです。どのような国をめざすかは憲法に記されています。そのために、どのような教育を進めるかを示したものが教育基本法です。戦前は、大日本帝国憲法（一八八九年）と教育勅語（一九九〇年）がそれに当たりました。

戦後は、日本国憲法（一九四七年）とともに定められたのが「四七年教育基本法」です。その教育基本法が改訂されたのが二〇〇六年なのです。現政府が、「憲法改正」を最大の政治課題にしていますが、その先駆けとして登場したのが「〇六年教育基本法」だということです。

何を意味するかは、明白です。そうした動きの中で、道徳の「特別教科化」があるということです。

今だからこそはっきりさせよう
私たちが考えてきた道徳教育は？

私たちが求めてきた道徳教育とは何でしょうか。それは、「子どもの民主的人格形成」「ものの見方・考え方、行動のし方、生き方」でした。私たちが生活指導実践を通して求めてきたものでした。

私は、三〇数年の小学校教員の経験がありますが、多くの小中学校教員は「学校における道徳教育は、学校の教育活動全体を通じて行うもの」という見解の下で、子どもに道徳指導を進めてきました。子どもらに、

私たちが求めてきた道徳教育

「子どもの民主的人格形成」
「ものの見方・考え方、行動のし方、生き方を育てる」

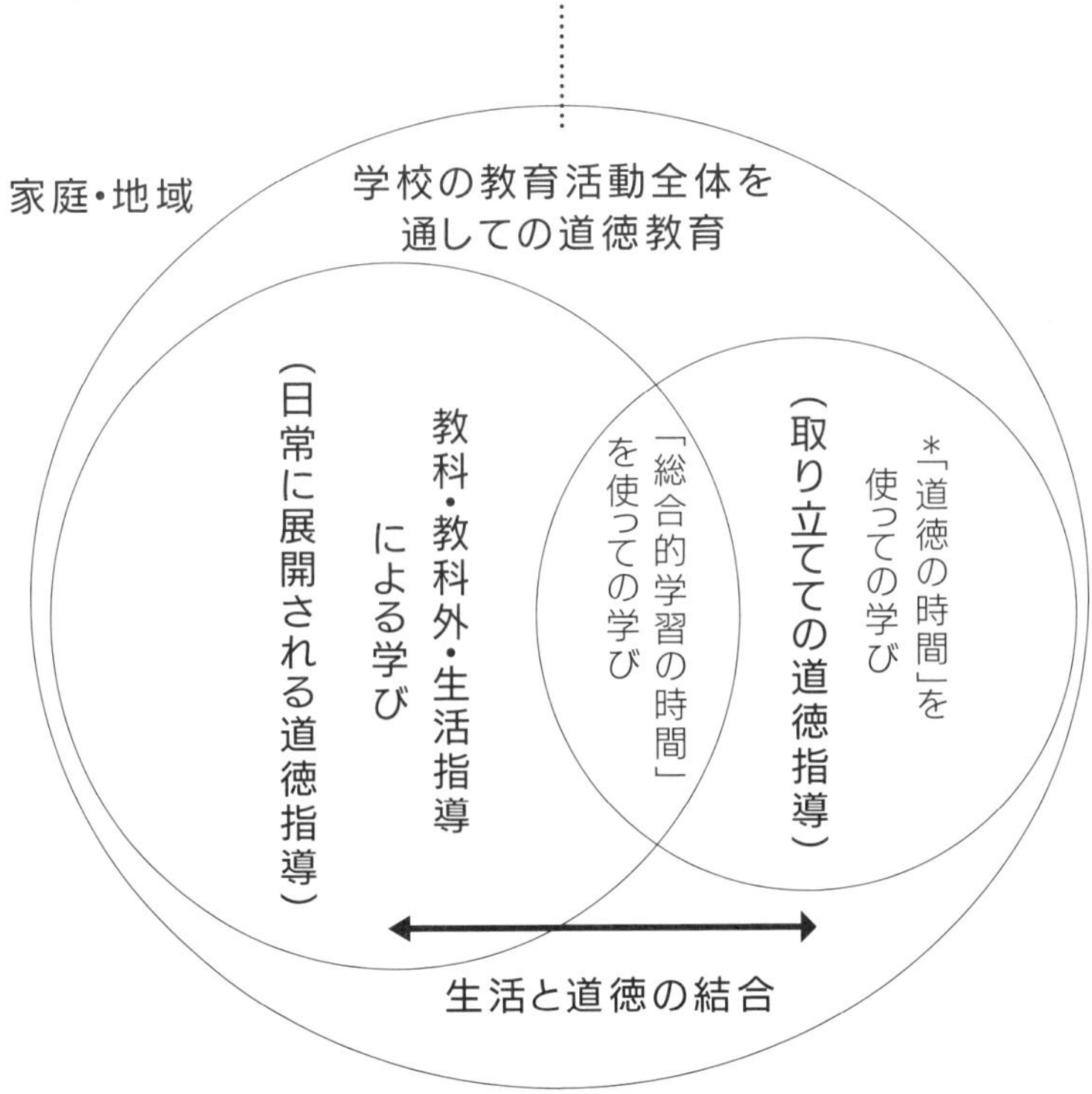

2017.2.11(大和久)

＊ 2018年4月からは「特別の教科　道徳」を
使っての学び。

現在と未来を生きる力と主権者としての力量を育てようとしてきました。

教科の指導と教科外の指導を通して、子どもたちの人格形成に寄与してきました。そうした結果としての道徳教育でした。それが、本来の道徳教育の姿でした。私たちは、「生活指導」こそ、道徳教育の中心を担うものだと考えてきました。

日常に展開される指導と取り立てての指導

私たちが考えてきた道徳教育は、〈日常に展開される道徳指導〉と〈取り立てての道徳指導〉の二つのどちらも大事にすることです。〈日常に展開される道徳指導〉とは、教科や教科外の中で進められている「生活指導」のことです。〈取り立てての道徳指導〉とは、「道徳の時間」や「総合的学習の時間」「教科学習」などによって実践されてきました。

今まで長く、私たちは「特設道徳」を批判してきましたが、一方で、「学び」としての道徳を確立していくことの大事さも指摘してきました。

子どもたちが、人権尊重や自立、平和を柱にした道徳をしっかり身につけてほしいと誰もが願っています。そのために、日常的な営みとしての「生活指導」がありますが、価値ある資料などを使って学びあう「授業時間」もまた有効であることを知っています。たとえば、私たちの考える「取りたてての道徳指導」の計画は次のようでした。

〈取り立てての道徳指導〉（二〇〇一年）
①人権尊重、自立、平和を柱として考える。

②子どもの生活現実、学級実態をふまえたものとする。
③一定の期間と一定のテーマを作り出す。継続的指導による重点化を図る。
④発達段階を十分考慮しながら、発達課題に迫る。
⑤自主編成を基本とする。
⑥副読本の活用、テレビ・ビデオの活用、新聞記事、雑誌記事などからも資料を発見していく。子どもの作文、日記などは、好適な資料となる。
⑦子どもの日常生活におけるトラブル、事件を教材とする。

キーワードは、「生活と道徳の結合」です。このことの大事さは、「道徳」が「特別の教科」となり教科書がつくられても、変わらない「学び」の原則になります。

取りたてての指導実践

私は、毎年、副読本やテレビ活用による計画のほかに、二つの方向を立てて、自主編成を考えてきました。一つは、子どもの実態、学級活動の中から生じてくる問題を教材化するということです。もう一つは、一定期間継続してテーマを追求していくものを見つけるということでした。

前者は、「生活指導（集団づくり）実践」の中で生じてくるさまざまな問題の中で、一定の準備をして行う「話し合い」や「討論集会」などを、道徳時間として位置づけました。「よびすてについて考える」「男の子と女の子」「学級憲法を考えてみよう」「いじめをなくそう」などです。

後者は、数時間かけて、一つのテーマを追い、流れのあるカリキュラムを立てていきます。例えば、「コミュニケーション力を育てる」「他者理解・自己理解」「他者と共に生きる力を育てる」など、まとまった時間設定を中心に据えて計画実施したことがあります。また、「性の問題を考えよう」「障害について理解しよう」「世界の子どもたちのことを知ろう」「戦争と平和について考えよう」「地球の環境問題を考える」「子どもの権利条約を学ぶ」などをテーマに、調べたり話し合ったりする活動を中心にしたものもありました。

子どもの実態に合ったカリキュラムは子どもの積極的な学習参加を得ることができます。子どもが自分のあり方や生き方を深く考えることのできる授業こそ、道徳の授業の本流です。総合的学習の時間と連動したものも有効でした。

「考える道徳」がテーマで、一つの価値観を押し付けるのでなく多様な価値観を保障するものでした。「学び」を通して、自らの「考え方、生き方」を選び取っていくことを目標としてきました。今後、いかなる場合にも、特定の価値観を子どもに押し付けるものであってはならないと思います。

「道徳の教科化」が進んでいくとき、また新たな道徳教育の危機が迫ってきています。本来の姿の道徳教育を確立・創造していく努力によってしか、この危機を克服していくことはできないと考えます。

したがって、「生活指導」を中心とした「日常に展開される道徳指導」の再評価と、「道徳の時間」（今後は「道徳科」）を軸とした「学び」としての「取り立てての道徳指導」のさらなる創造が重要です。

道徳教育の中心は生活指導・集団づくり

〈日常に展開される道徳指導〉とは、教科や教科外の中で進められている生活指導のことです。この点については長い間確信をもっていて、確かに間違いのないことなのですが、「どのような力が子どもの中に育っているのか」「生きる力として育つものは何か」「集団づくりが子どもの人格形成にどのように寄与しているのか」をもっと積極的に説明できるようにしていくことが、求められていないでしょうか。権力者に対してではなく、同僚や保護者・子どもに対してです。社会に対してというべきでしょうか。

子どもをどう見てどう育てるかが、生活指導にとって大事なことです。生活指導の課題を絶えず探究していることが求められています。

子どもの「幼さ」や「自己中心性」が指摘されるようになって、三〇年以上になります。「我慢すること」や「感情をコントロールすること」「相手の気持ちを理解する」「相手に自分の気持ちを伝える」などがうまくできずにいます。コミュニケーション力、自治能力、社会性、集団性の欠如・衰退というべきでしょうか。それが「幼さ」や「自己中心性」の背景になっていました。今ますます子どもの姿は深刻になっています。

本来、子どもの社会性や集団性は、乳幼児期の家庭や保育園・幼稚園や地域の遊び集団のなかで体験を通して育てられてきたものですが、今の子どもたちは、その体験が十分にもてていません。家庭は少子化の傾向をいっそう強め、核家族化とあわせ子どもの集団的な生活体験が少なくなってきています。きょうだい喧嘩のはなばなしかった頃と違います。また、地域の関わりは、以前とは比べものにならないくらいに衰退してきています。「幼さ」や「自己中心性」の問題の深まりは､子どもの生活の変化とともに進んできています。

ですから、子どもの豊かな集団的体験・交わり体験が、乳幼児期の保育園や幼稚園に期待されています。同じように小学校にも中学校にも、学童や児童館にも求められています。高等学校段階でもその必要性は増しています。子どもの社会性や集団性、自治能力を育てること。今、家庭、学校、地域がともに手を結んでしなければいけない重要な課題になっているのです。実は、これが、子どもの道徳教育にとって最も大事なことになっているのです。

集団づくりの目的、教科外活動の目的を明らかにしながら、それらの教育活動が、子どもたちの自立、人格形成、自治能力の育成にどのような教育的寄与をしているのか、できるだけ詳しく明らかにしていきたいものです。そうでなければ、「集団づくりや自治活動・文化活動」が、いかに、道徳教育の要なのかを説明することができないのではないでしょうか。

道徳の本質は何か

子どもたちがどのような成長・発達を遂げていけるかは、その環境によって決まっていきます。環境の中に、家庭や地域や学校や社会が含まれます。そこにいるおとなたちの生き方、考え方、行動のし方によって左右されます。

明治以降、とりわけ大日本帝国憲法と教育勅語が作られてからは、天皇制国家を維持していくために「修身科」という教科によって道徳教育がすすめられましたが、それ以前には藩校や寺子屋で教えられていたものがあります。武家諸法度や論語などであり、士農工商という封建制度を支えるものでした。さらにさかのぼれば、仏教の教え、村という共同体の教えなどになります。

明治期、近代公教育が誕生し、修身科もつくられましたが、当初教師の訓話が中心であり、子どもの行動のし方や考え方、生き方の大本は、家を含む地域社会から学んでいたものです。

今は民主主義の社会です。国民主権の世の中です。封建社会でもなければ、天皇制国家社会でもありません。だとすると、現在の社会にふさわしい生き方、考え方が育てられなければなりません。主権者としての

「民主的人格の形成」が道徳教育の主たる目標になるのは当たり前のことです。

道徳は、不変なものではありません。かつて道徳的だと言われてきた中で今は違うというものがいくつもあります。徳目が、言葉通りで納得していけないことも多くあります。道徳は、時代と共に、社会の発展とともに、変化してきています。

知っておきたい
日本の道徳教育の歴史

道徳教育の歴史を知ってみると、どれだけ為政者の意図によってつくられてきたかが良く理解できます。そして、再び同じような仕掛けがあるということも分かります。

近世の道徳教育　江戸時代

幕府の学問所や各地にあった藩校では、武家諸法度に示された学問として、孔子を祖とする儒教を学ぶようにということでした。これは朱子学と言われるものでしたが、やがて、全国に普及していった寺子屋を通じて、庶民にも朱子学を教えるようになりました。

朱子学は、

「仁＝思いやりを持ちなさい」
「義＝正しい行いをしなさい」
「礼＝礼儀正しくしなさい」
「智＝善悪をきちんと見極めなさい」
「信＝誠実でありなさい」
「忠＝目上の人の言うことに従いなさい」
「考＝親孝行しましょう」
「悌＝兄弟姉妹と仲良くしましょう」

といった道徳を教えるというものでした。

また、平安時代末期にまとめられたという『実語教』（作者不詳）も、『童子教』とともに寺子屋の教科書として使われ、道徳教育に関与したと言われています。『実語教』は、五字一句で書かれていて、「山高故不貴　以有樹為貴」「人肥故不貴　以有智為貴」など全九六句にまとめられています。これもまた、儒教色の強いものでした。

これらは、近世、近代から現代の日本社会の中で脈々と生きてきたものだと言っていいと思いますが、いずれも、封建社会の秩序を支える道徳思想として取り扱われてきたものなのです。この「儒教色」が、近代から現代にいたるまで、出たり入ったり、色合いが濃くなったり薄くなったりしてきました。「儒教色」をどうとらえるかがカギとなります。

近代公教育の成立と道徳教育　一八七二年（明治五年）から一八八九年

近代公教育（義務教育制度の基礎）が誕生したのは、一八七二年（明治五）「学制」の公布によってです。フランス学制に倣って道徳を教える教科を「修身」という独立の教科目として小中で設けることにしましたが、実学を優先し修身の学習学年は下等小学のはじめの二年間だけでした。「修身口授」と呼ばれ、教師が児童に話をして聞かせる授業でした。内容は忠考仁義など儒教的道徳内容でした。

一八七九年（明治一二）「学制」を廃止し「教育令」が公布されましたが、その同じ年に「教学聖旨」が示されました。天皇の意を受け、起草に当たったのが儒学者元田永孚《ざね》でした。後の「教育勅語」の編纂に関わった人です。「教学聖旨」は、これまでの欧化主義を戒め、今後は儒教を拠り所として、仁義忠考を明確にして教え込むことが大切だという内容でした。

翌年の一八八〇年（明治一三）早くも教育令が改正され、その「改正教育令」では、小学校の教科の筆頭に「修身科」を置きました。翌年の「小学校教則綱領」には、徳育を知育より重視することとともに、「忠君愛国」を最も重要な道徳として挙げています。また、修身科に「作法」を含ませることにしました。

教育勅語と修身　一八九〇年（明治二三年）から

一八八九年（明治二二）「大日本帝国憲法」が発布され、翌年一八九〇年（明治二三）『教育ニ関スル勅語』（「教育勅語」）が制定されました。元田永孚と井上毅が中心となりつくられましたが、その後長い間「教育勅語」は徳育の基本とされ、日本の教育の基本方針ともなりました。

教育勅語の基本思想となったものは、第一に「天皇と臣民との間の道徳的な支配－服従の関係」、第二に「天皇と臣民の間に疑似親和関係」、第三に「祖先崇拝の思想」でした。一八九一年（明治二四）「小学校祝日大祭日儀式規定」が定められ、その中では、紀元節、天長節、その他の祝祭日には、儀式を行うべきこと、その儀式の際には『教育ニ関スル勅語』を奉読し、勅語に関連して訓告をなすべきことなどが定められました。

検定教科書時代　一八八六年（明治一九）から一九〇〇年（明治三三）

教科書の検定制度は、一八八六年（明治一九）の学制改革と同時に始められました。修身教科書は「教育勅語」の影響をもっとも端的に示していました。すべて教育勅語に基づいて編集され、毎学年（毎巻）勅語に示された徳目を繰り返す形式を取っていました。これは「徳目主義」と呼ばれ、明治二〇年代の検定修身書の特色でした。

明治三三年ころからは、童話・伝記による修身教材が提供され人物中心の教科書となりました。当時はこれを「人物主義」と称していました。

やがて、小学校の修身教科書は国定にすべきであるという意見が出されるようになり（一八九六年貴族院建議）一九〇〇年（明治三三）国定修身教科書の編集に取りかかりました。

一九〇三年（明治三六）文部省著作による国定教科書ができました。編集に当たって「徳目主義」によるか「人物主義」によるかの論議が行われましたが、国定修身書では両方をあわせて用いることにしました。

国定教科書時代・前半期　一九〇三年（明治三六）から一九三三年（昭和八）

国定教科書は、五期に分けることができますが、一期から三期までを前半期ということもできます。一九〇三年（明治三六）からの数年が一期。日清戦争、日露戦争の後の一九一〇年（明治四三）からが第二期です。この時期の国家主義思想は国民の思想を支配し当時の教育にも大きな影響を与えました。第三期は、第一次世界大戦後の一九一八年（大正七）から一九三三年（昭和八）まで。国民道徳の徹底が要求され教科書の内容に影響を与えました。

大正末には教師への強制も強まりました。川井訓導事件（一九二四年）有名です。長野県の松本女子師範学校の訓導であった川井清一郎が、修身の授業で国定教科書を用いなかったことを理由に休職処分とされ、退職に追い込まれました。大正自由教育運動に対する弾圧事件の代表的事例、教科書不使用を理由に教員が厳罰に処された事件の典型例とされています。

やがて、児童中心主義教育への非難、抑圧が続く中で、一九二五年（大正一四）治安維持法が制定されました。ここから先は、第二次世界大戦に続く道を歩みます。

国定教科書時代・後半期　一九三三年（昭和八）から一九四五年（昭和二〇）

国定教科書の第四期は一九三三年（昭和八）からになります。色刷りの教科書になり子どもの興味を引こうとしました。内容は、満州事変（一九三一年、昭和六）によって高まった国家主義思想を強く反映しています。国体の思想によって国民道徳を統一し歴史的に「臣民の道」を体系化しようとしました。

すべての国民道徳を「肇国の精神」に結びつけ「神国日本」の思想を強く示しています。教師用指導書によれば、「君が代」の尊敬すべき理由を理解させ「尊王愛国」の情操を養い国家に対する「作法」を会得させるよう指導するとなっていました。

天皇を神格化し、皇后は家族主義国家の母として映し出し、歴史的事実のように歴代天皇の事蹟が述べられ、その代表として神武天皇や明治天皇が取り上げられました。国旗や国歌を重んじ「紀元節」や「明治節」などの祝祭日が大切にされました。

国民が天皇からの恩の下に生活していると規定され、その「恩」は、今まで伝統的に親子の間において強く説かれてきたということでした。このことを教えるために、二宮金次郎を題材とする教材が用いられたのだということです。

また、小学校低学年では、「ヨイコドモ」という人間像が教えられ、高学年では、いっそう明確に「よい日本人」という人間像が教えられています。「臣民の倫理」がここで完結されていきます。

第五期は、一九四一年（昭和一六）小学校令が改正されて国民学校令が制定されたところから一九四五年（昭和二〇）終戦までの間です。

国民学校という名称を用いたのは、この名のもとに名実ともに皇国民教育の非常時体制をつくる出発点にしようという意味を持っていました。

『皇国民錬成』という目的のために『国体の精華』を明らかにし『国民精神』を涵養し『皇国の使命』を自覚せしめるという任を持ちましたが、それを果たす使命を担ったのが「修身科」でした。

一九四五年（昭和二〇）八月一五日、「天皇ノ国家統治ノ大権」を変更しないという了解のもとに、無条件降伏勧告を受け入れました。

戦後・学習指導要領の変遷と道徳教育の動向

戦前までの日本の学校では、道徳教育は修身の教科書（国定）を中心に行われ、教育勅語に書かれている徳目を生徒に感知させることに力が入れられました。また、旧憲法の下での臣民教育、軍国主義教育の軸となりました。

戦後、新教育の出発に際して、道徳教育はその反省の上に立って構想されました。道徳教育は教育の全体にわたって行われるものとされ、特定の教科を置くことは否定されました。生徒の道徳性は、民主的な学校・学級運営と各教科の教育の全体を通して高められるべきものだとされたのでした。

以下、戦後の学習指導要領（ほぼ一〇年おきに書き換えられてきた）の変遷と道徳教育の動向を見てみたいと思います。

二〇〇六年、教育基本法の改定は、新たなターニングポイントとなっています。

一九四七年　憲法・教育基本法に基づく新しい教育課程の指針として作成されました。「試案」と表示され、教師の「手引き」として位置づけられたものでした。

一九五八年　「文部省告示」として公示し、教育課程の国家基準としました。内容的には、道徳の時間を特設し、教育課程編成を教科・特別教育活動・道徳・学校行事の四領域としました。学校行事や儀式などで国旗掲揚・君が代斉唱が望ましいと記述されました。

一九六八年　学校行事と特別教育活動をまとめて特別活動とし、教科、道徳、特別活動の三領域としました。神話が「再」登場し、国家を守る自覚など「愛国心」教育が強調されました。

一九七七年　「ゆとり」「精選」が強調され、「知、徳、体の調和のとれた人間形成」が言われ、教科、特別活動での道徳教育の強化が打ち出されました。社会奉仕・勤労体験学習などが登場。君が代を「国歌」と規定し、「国旗を掲揚し、国歌を斉唱することが望ましい」とされました。

一九八九年　小学校低学年の社会・理科を統合して「生活科」に。高校社会科を廃止して「地歴科」「公民科」に。道徳教育を「学校教育の基本にかかわる問題」と重視。中学校の保健体育の「格技」を「武道」に変更。君が代・日の丸を「国旗・国歌」とし、従来の「望ましい」から「指導するものとする」に変更して義務付けを強化しました。

一九九八年　学校週五日制を全面実施し、「ゆとり」のなかで「特色ある教育」を打ち出しました。教育課程に「総合的な学習の時間」を加え、必修教科に外国語を加えました。「生きる力」を育むことを強調。道徳をいっそう強調しました。ボランティア体験や自然学習を強化しています。

二〇〇八年　教育基本法の改正（二〇〇六年）等を踏まえた改訂。「道徳の時間」を「道徳教育の要とする」としました。「豊かな心」「健やかな体」の調和を図るためとして伝統や文化に関する教育・道徳教育・体験活動・外国語教育の充実を求めました。

二〇一五年　学習指導要領一部改訂で、「特別の教科　道徳」を設置。小学校は二〇一八年、中学校は二〇一九年をもって完全実施となりました。

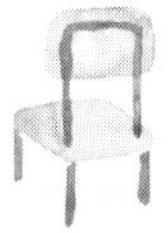

価値の押しつけになってしまわないために
“考え、議論する”道徳へ

提案として　道徳とアクティブラーニングを結ぶ

道徳の授業が、徳目主義（徳目を流し込むようなもの）にならないようにするために、アクティブラーニングという考えを大事にしてみたらどうだろうかということを提案します。

今までも道徳の授業で問題になっていたのが、価値項目に準拠して、徳目を押し付けたり、巧みに注入したりすることです。子どもは、道徳の時間を、嫌な時間として考えてしまいます。それは道徳の時間の宿命かもしれません。もともと科学的な体系もなければ、優れた実践の積み重ねもありません。教材も、不十分なものが目につきます。子どもは、やがて反発したり、消極的になったりして、授業崩壊も考えられます。よほどの工夫がない限り、他の教科のように子どもを引き付けることはできないと思います。

また、道徳が教科となれば、今まで以上に学習内容の具体的な定着が求められそうです。評価の問題とつながりあってきます。特別活動が、道徳的実践に焦点化していかざるを得ない理由がそこら辺にありそうです。

道徳の授業は、「価値の押し付け」になってしまわないことが大事です。やはり、自由な考え、多様な考えを保障していくことが求められます。その点は、「論点整理」にも述べられていますが、どこまで大事にされるでしょうか。

さて、小学校ではすべての学習活動がアクティブラーニングです。子どもたちの主体的な活動を基本に据えたうえで、練習したり、実験したり、思考したり、議論したり、実践したりする学びを追い求めているからです。ですから、いたずらに言葉に踊らされることはありません。アクティブラーニングが形から入ることが多く意識されるかもしれませんが、形が目的になってしまわないようにしなければなりません。形が目的になっては困ります。例えば、グループを作って話し合い、発表する活動など。いかにも子どもたちが主体的に活動し、見栄えはいいかもしれません。しかし、そこから子どもたちの心が動いてこなければ話になりません。心が動くから自ずと身体が動いてくるというのが自然です。

アクティブラーニングって何？

日本では、アクティブラーニングという言葉は大学教育から使われ始めました。きっかけとなったのは、二〇一二年中教審の答申です。その答申のタイトルは「新たな未来を築くための大学教育の質的転換に向けて～生涯学び続け、主体的に考える力を育成する大学へ～」でした。答申の中でいう「質的転換」とは、学生の「受動的な受講」から「能動的な学修」への転換のこと。つまり、受け身ではなく主体的に授業を受けられるようにしようということです。大学生になって、能動的に学ぶための仕掛けを作らなければならないことには、ちょっと残念な気持ちもありましたが、この答申から大学の授業がアクティブラーニング化していったことは間違いありません。

そして、二〇一四年一一月、当時の下村文科大臣から中教審に出した「小中高の学習指導要領を見直してください」という諮問の中に、アクティブラーニングという言葉が使われました。

アクティブラーニングというのは学習の方法です。「アクティブラーニング」を文字通り読めば、「アクティブ」に「ラーニング（学習）」することです。通常、日本語にするときは「能動的学習」と訳されています。つまり、学ぶ姿勢や態度が受動的ではなく能動的だということで、グループ学習とか体験学習とかを指すわけではありません。身体を動かすかどうかということは条件ではありません。

「能動的学習」は、小中学校においては、基本的な授業のスタイルで、何も新しく始まったものではありません。学びの定着や学びの展開にとって重要なポイントでした。ですから、「能動的学習」の強調は歓迎すべきことではないでしょうか。

しかし、日本の学校教育は知識詰め込み式だとよく言われます。評価は主に知識の量で行われます。大学入試も知識量が勝負になります。知識を詰め込もうと思ったら、授業はやはり一方的な知識伝達型講義になりがちです。「学力テスト体制」が蔓延している現状のままであれば、現場に矛盾が大きくのしかかってきます。教員にも、子どもたちにも。

道徳とアクティブラーニング

二〇一五年八月、中教審教育課程企画特別部会から「論点整理」というものが報告されました。これは次期の学習指導要領の方向性についての部会の論議をまとめ、今後の論点を明らかにしたものです。「論点整理」の中の「各教科・科目の内容の見直し」の「15．道徳教育」において、どのようなことが述べられていたのでしょうか。少し詳しく見てみようと思います。

○学校における道徳教育は、自己の生き方を考え、主体的な判断の下に行動し、自立した一人の人間として他者とともによりよく生きるための基盤となる道徳性を養うことを目標とする教育活動であり、「どのように社会・世界と関わり、よりよい人生を送るか」の根幹となるものである。

○このような資質・能力の育成をめざす道徳教育においては、既に学習指導要領が一部改正され、小学校では平成三〇年度、中学校では平成三一年度から、「特別の教科　道徳」（道徳科）が実施されることとなっている。本「論点整理」がめざす「これからの時代に求められる資質・能力の育成」や、「アクティブラーニング」の視点からの学習・指導方法の改善を先取りし、「考え、議論する」道徳科への転換により、児童生徒の道徳性を育むものであり、道徳的諸価値についての理解を基に、自己を見つめ、物事を多面的・多角的に考え、自己の生き方や他者との関わりについても考えを深める学習を通して、道徳的判断力、道徳的心情や道徳的実践意欲と態度を育てるものである。

○道徳の特別教科化は、これまで軽視されがちだったと指摘される従来の道徳の時間を検定教科書の導入等により着実に行われるように実質化するとともに、その質的転換を図ることを目的としている。

○特に、後者の「考え、議論する」道徳科への質的転換については、子供たちに道徳的な実践への安易な決意表明を迫るような指導を避けるあまり道徳の時間を内面的資質の育成に完結させ、その結果、実際の教室における指導が読み物教材の登場人物の心情理解のみに偏り、「あなたならどのように考え、行動・実践するか」を子どもたちに真正面から問うことを避けてきた嫌いがあることを背景としている。このような言わば「読み物道徳」から脱却し、問題解決型の学習や体験的な学習などを通じて、自分ならどのように行動・実践するかを考えさせ、自分とは異なる意見と向かい合い議論する中で、道徳的価値について多面的・多角的に学び、実践へと結び付け、更に習慣化していく指導へと転換することこそ道徳の特別教科化の大きな目的である。

○義務教育においては、従来の経緯や慣性を乗り越え、道徳の特別教科化の目的である道徳教育の質的転換が全国の一つ一つの教室において確実に行われることが必要であり、そのためには、答えが一つではない、多様な見方や考え方の中で子供たちに考えさせる素材を盛り込んだ教材の充実や指導方法の改善等が不可欠である。

この中で注目したいのは、四項目目に書かれていることと、五項目目に書かれていることです。〈「読み物主義」から脱却し、問題解決型の学習や体験的な学習〉へという点と〈自分とは異なる意見と向かい合い議論する中で、道徳的価値について多面的・多角的に学び〉という点、さらに、〈そのためには、答えが一つではない、多様な見方や考え方の中で子供たちに考えさせる素材を盛り込んだ教材の充実や指導方法の改善〉という点です。

これらは、文科省が提唱する〈「考え、議論する」道徳科への質的転換〉の骨格を示しています。道徳の授業を考えた時に大いに参考にできることではないでしょうか。「考え、議論する」目的、「考えさせる素材を盛り込んだ教材」の開発について、明らかにしているものと考えます。

さらに提案　価値項目をテーマに転換する

「論点整理」で言われている「考え、議論する」道徳科への転換は、当然のことだとも言えます。徳目の注入でなく、徳目（価値項目）をテーマに転換すべきだと思います。教科書教材に頼らずに授業を組み立てられることも重要です。学習指導要領に示された価値内容をテーマにして、自分たちの力で自主編成していくことが求められているのだと思います。「考える道徳」「議論する道徳」「アクティブな学び」などをキーワードとしながら、新しい道徳の授業スタイルをつくり出すべきところなのだと思います。

「アクティブ」であればいいということではありません。「アクティブラーニング」という学び方の問題として話題が集まってしまって、どのような内容を扱うのか、何を子どもたちに考えさせるのかなどを検討していくことを忘れさせてはいけないと思うのです。

とすると、いくつか提案を補足しておく必要があるように思います。

一つは、「4つの柱」で示されている「道徳の内容」の批判的検討です。問題となる項目はないのだろうか。おさえておきたいテーマはほかにないだろうか。追加すべき内容はないのだろうかということです。

二つ目は、すでに配布されている『私たちの道徳』の教材を批判的に読むことです。そのことで、検定教科書の問題点を見抜く力ができます。そして、新しい教科書を手にしたら、一つ一つの教材を批判的に分析してみます。どのように取り扱えばよいかを考えます。

三つ目は、上記の二つの作業をしながら、「アクティブ」な道徳の授業を試みてみるということです。一つの答えの押しつけにならないような〝考え、議論する〟道徳の授業をめざします。

子どもがドキドキした気持ちで考えたり、活発に議論したりできる道徳の授業は、私たちの側に、発見や探求がなければ無理です。やはり、最終的には「自主編成を基本とする」というところに落ち着くのではないかと思えますが、そこへ行くまでの道のりでは、生活と道徳の結合をめざすために、創意工夫が求められます。

「子どもの生活から出発して、子どもの生活に戻ってくる」そんな道徳の授業をつくり出していくこと。それが、「子どものための道徳教育」を実現させる道だと思っています。

指導内容を学びのテーマとするために

新しい学習指導要領を読み解く

二〇一七年三月までは、副読本のほかに『私たちの道徳』がありました。文科省著作の『私たちの道徳』を検討してみましたが、指導内容（価値項目・徳目）に見られる問題点、偏りなどが指摘できます。意図的に退けている内容も見えてきました。

検定による「教科書」がどのようなものになったか、どのような問題点があるのかは別の章（2章、3章）に任せますが、どのようなものが「教科書」となるにしても、「教科書に振り回されない」ための準備をする必要があると考えます。

そのためには、内容の過不足を検討しながらも、指導要領に示されている指導内容を基に、新「教科」の授業設計（構想）をしていくことです。

さいわい、示されている指導内容は他教科に比べて、簡単明瞭です。指導要領に記されている指導内容を、学びのテーマとして捉えることによって、「教科書」の呪縛から抜け出すことができるのではないかと考えます。

一部改訂された「総則」と新学習指導要領「第3章　特別の教科　道徳」をていねいに読み解いていきたいと思います。

「総則の一部改訂」を読む

「総則第１　教育課程編成の一般方針の２」が、道徳教育について触れられてきたところですが、平成二七年（二〇一五年）三月に一部改正されています。どのように書かれているかを見てみたいと思います。三段落で構成されています。

> ２．学校における道徳教育は、特別の教科である道徳（以下「道徳科」という。）を要として学校の教育活動全体を通じて行うものであり、道徳科はもとより、各教科、外国語活動、総合的な学習の時間及び特別活動のそれぞれの特質に応じて、児童の発達の段階を考慮して、適切な指導を行わなければならない。
>
> 道徳教育は、教育基本法及び学校教育法に定められた教育の根本精神に基づき、自己の生き方を考え、主体的な判断の下に行動し、自立した人間として他者と共によりよく生きるための基盤となる道徳性を養うことを目標とする。
>
> 道徳教育を進めるに当たっては、人間尊重の精神と生命に対する畏敬の念を家庭、学校、その他社会における具体的な生活の中に生かし、豊かな心をもち、伝統と文化を尊重し、それらを育んできた我が国と郷土を愛し、個性豊かな文化の創造を図るとともに、平和で民主的な国家及び社会の形成者として、公共の精神を尊び、社会及び国家の発展に努め、他国を尊重し、国際社会の平和と発展や環境保全に貢献し未来を拓く主体性のある日本人の育成に資することとなるよう特に留意しなければならない。

段落①は、学校における道徳教育を説明しています。今までと変わったのは、「道徳時間を要として」から「特別の教科である道徳（道徳科）を要として」に変えた点です。注目しておきたいのは、やはり、「学校の教育活動全体を通じて行うもの」という所です。その観点は、なお失ってはいけないものだと考えます。

段落②は、道徳教育の目標に触れています。「自立した人間として他者と共によりよく生きるための基盤となる道徳性を養う」ということで、どのような道徳性なのか重要なことであり、おさえておきたいところです。

段落③は、改訂教育基本法の第二条（教育の目標）と重なるところであり、政府・文科省の意図が明確に表れているところで、十分注目しておかなければならないところです。「畏敬の念」「伝統と文化」「愛国心・郷土愛」「公共の精神」「主体性のある日本人」など、教えたいことのキーワードが見えます。

「第３章　特別の教科　道徳」を読む

「目標」「内容」「指導計画の作成と内容の取扱い」の三つで構成されています。まず、「目標」と「内容」を見ていきたいと思います。

「第１　目標」では、次のように記されています。

> 第１章　総則の第１の２に示す道徳教育の目標に基づき、よりよく生きるための基盤となる道徳性を養うため、道徳的価値についての理解を基に、自己を見つめ、物事を多面的・多角的に考え、自己の生き方についての考えを深める学習を通して、道徳的な判断力、心情、実践意欲と態度を育てる。

総則とのつながりがよくわかる部分です。

「第2　内容」では、前指導要領の1～4にまとめられていた4つの柱を、A～Dとして表示しています。変更点は、4つの柱の順序です。前指導要領の3と4を転換させています。4であった「主として集団や社会との関わりに関すること」を3に上げているのです。1から2、2から3への関連性を強調しています。「自分自身」→「人との関わり」→「集団や社会との関わり」→「生命や自然、崇高なものとの関わり」という流れで整理しています。

そして、A～Dの柱ごとに低・中・高の指導内容をまとめています。指導要領における「特別の教科　道徳」の意図を把握しやすいというのが特徴です。これが、今後の道徳教科論の骨格になるのだろうと思われます。A～Dの柱ごとに見てみると、どのような特徴が見えてくるのか、指導内容に沿って、見ていきたいと思います。低学年→中学年→高学年さらに中学校への流れがよくわかるようにしてみました。それぞれ(低)(中)(高)(中学校)と表記しています。

指導の観点「A　主として自分自身に関すること」について

①［善悪の判断、自律、自由と責任］……良いことと悪いことの区別、良いと思うことはすすんで(低)→正しいと判断したことは自信をもって(中)→自由を大切にし、自律的な判断・責任のある行動(高)となっています。

低学年から、善悪の判断を前面に出して、良いことはすすんで、自信をもってと、実行力を求めていますが、善悪の判断への試行錯誤、迷いなどは、どのように扱われるのでしょうか。

②【正直、誠実】……うそをついたりごまかしたりしないで素直に（低）→過ちは素直に改め、正直に（中）→誠実に明るい心で（高）

うそをつかない、ごまかさない、正直に誠実にと呼びかけていますが、念仏のように繰り返すことだけを考えているのだとすると、いかがなものでしょうか。正直、誠実のもとになる相互信頼や人権尊重についても、考えさせたいものです。政治家や大人たちの行動に疑問を感じる子たちは多いと思います。

（中学校）では、①②の2項目を合せて、［自主、自律、自由と責任］として、指導内容は「自律の精神を重んじ、自主的に考え、判断し、誠実に実行してその結果に責任をもつこと」としています。

「責任」を強調しているのです。言動への責任をあまりに強調しすぎると、間違いや試行錯誤を認めないというようになりはしないでしょうか。

③【節度、節制】……健康や安全に気を付け、身の回りを整え、規則正しい生活を（低）→自分でできることは自分でやり、よく考えて行動し、節度ある生活を（中）→自分の生活を見直し、節度を守り節制に心がける（高）

節度、節度で、がんじがらめになりそうですが、何のために節度が必要なのか、目的を明確にもちたいものです。

（中学校）では、「望ましい生活習慣を身につけ、心身の健康の増進を図り、節度を守り節制に心掛け、安全で調和のある生活をすること」としています。

やはり、節度だけを取り上げ強調すると、抑えめに、控えめに、人の目につかないように行動せよと言われているみたいになります。

④【個性の伸長】……自分の特徴に気づく（低）→自分の特徴に気づき、長所を伸ばす（中）→短所を改め、長所を伸ばす（高）

自分の特徴に気づき、長所を伸ばすことは大事なことですが、一人ひとりの個人差への注目も大事なことです。一人ひとりの違いを認め合うことが、基底にないといけないのだと思います。

（中学校）では、［向上心、個性の伸長］として、向上心を強調しています。

向上心をもてと言われるだけでは、向上心は育ちません。自分の生活現実に向き合うことを前提としなければならないと思います。

⑤【希望と勇気、努力と強い意志】……自分のやるべき勉強や仕事をしっかり行う（低）→決めた目標に向かって、強い意志をもち、粘り強く（中）→高い目標を立て、希望と勇気をもち、困難があってもくじけずに（高）

つらいですね。早い時期から、やるべきことをしっかりやれ、手を抜くな、くじけるなと、心構えを教えられるのでは、苦しいですね。目標をどうやって築いていくのか、どんな目標だったらいいのかなど、身近な悩みが出せるようにしたいですね。

（中学校）では、［希望と勇気、克己と強い意思］として、自己との闘いを強調しています。

立身出世のための強い意思なのでしょうか。希望はどうしたらもてるようになるのでしょうか。自分との闘いと言いますが、何のための誰のための闘いなのかも考えさせたいものです。

⑥［真理の探究］（高学年だけ）……真理を大切に、物事を探究する心をもつこと（高）

真理・真実の探求は、高学年からというのでなく、小さいときから大切にしなければいけないことです。それには何が真理・真実なのか見極めていく知力を高めることが大切とされなければなりません。（中学校）では、［真理の探究、創造］として、「新しいものを生みだそうと努めること」を加えています。

学問をする、知力を高めるなどは大事ですが、新しいものを生み出すことに注目させることはどうなのでしょうか。起業・経営参加への意欲をかき立てようとするのでしょうか。真理と真実を並べていないことにも不安を感じます。真理とともに真実を探求することが大事にされなければなりません。

指導の観点「B　主として人との関わりに関すること」について

①［親切、思いやり］……温かい心で接し、親切にする（低）→相手を思いやり、進んで親切に（中）→思いやりの心をもち、相手の立場に立って親切に（高）

親切、思いやりが大事なことは言うまでもありませんが、心情ばかりを追っても心がけ主義になってしまわないか心配です。

②【感謝】……家族など日ごろ世話になっている人々に感謝する（低）→家族など生活を支えてくれている人々や現在の生活を築いてくれた高齢者に、尊敬と感謝の気持ちを（中）→家族や過去からの多くの人々に感謝しそれに応える（高）

家族、高齢者への感謝が強調されています。感謝、感謝と、家族や目上の人への感謝が強要されています。やはり、親切と同様、心情的な心がけの押しつけが気になります。

（中学校）では、①②の2つを［思いやり、感謝］として統合し、「思いやりの心をもって人と接するとともに」のあとに「家族などの支えや多くの人々の善意により日々の生活や現在の自分があることに感謝し、進んでそれに応え、人間愛の精神を深めること」と感謝を強調しています。

やはり、思いやりは施し、感謝は、家族や目上の人への従順さを求めているのでしょうか。

③【礼儀】……挨拶、言葉遣い、動作などに心がけ明るく接する（低）→礼儀の大切さを知り誰に対しても真心をもって接する（中）→時と場をわきまえ礼儀正しく真心をもって接する（高）

礼儀正しさは、挨拶、言葉遣いのスキルとなって登場してくるのでしょうか。形を押し付けてくるようで注意したいところです。礼儀とか挨拶、言葉遣いは、人間関係のあり様を考える必要があるものです。

（中学校）では、「礼儀の意義を理解し、時と場合に応じた適切な言動をとること」としています。

なぜ礼儀が必要なのか、人間関係にとって礼儀はどのような意味をもつのかなど考えたいところです。

④【友情、信頼】……友だちと仲良く助け合う（低）→互いに理解し、信頼し、助け合う（中）→互いに信頼し、学び合って友情を深め、異性についても理解しながら人間関係を築いていく（高）

幅広い友だち関係を育てる中で、同性や異性との相互理解を考えていくことが大事だと思います。性の多様性についても考えていきたいところです。

（中学校）では、「互いに励まし合い、高め合うとともに、異性についての理解を深め、悩みや葛藤も経験しながら人間関係を深めていくこと」としています。

異性についての理解よりも、人間としての相互の理解が優先されればと思います。友情、恋愛は、思春期の子どもにとっては、大きな関心事です。誰もがもつ悩みや葛藤を受けとめ合えるようにしたいものです。

⑤【相互理解、寛容】（中学年から）……自分の考えや意見を相手に伝えるとともに、相手のことも理解し、自分と異なる意見も大切にする（中）→広い心で自分と異なる意見や立場を尊重する（高）

寛容は、相互理解、相互信頼からくるものです。寛容力は、大きな力ですが、小学生段階ではなかなか難しいものです。受け入れる、許すだけが強調されても力にはなりません。

（中学校）では、文末に「寛容の心をもって謙虚に学び、自らを高めていくこと」とし、寛容、謙虚という言葉でまとめています。

寛容の心は簡単にもてるものではありません。具体的な生活経験の中から、考えていくことが大事です。

指導の観点「C　主として集団や社会との関わりに関すること」について

①【規則の尊重】……約束やきまりを守り、みんなが使うものを大切に（低）→約束や社会のきまりの意義を理解し守る（中）→法やきまりの意義を理解したうえで、進んで守り、自他の権利を大切にし、義務を果たす（高）

約束、決まり、法などの大事さが強調されています。法やきまりは誰のためにあるのか、何のためにあるのかを学んでほしいものです。また、法やきまりの作り方も知らせたいものです。決めたらそのままではなくて必要に応じて自分たちで決め直すことができるということも省いてはならないことです。決まりや法なのだから守らないといけないというメッセージだけが強くなってしまってはいけないということです。

（中学校）では、「遵法精神、公徳心」とし、「法やきまりの意義を理解し、それらを進んで守るとともに「自他の権利を大切にし、義務を果たして、規律ある安定した社会の実現に努めること」としています。

権利の確保や生活の向上のために、遵法や義務があるのだということを理解したいところです。

②【公平、公正、社会正義】……好き嫌いにとらわれないで接する（低）→誰に対しても分け隔てせず、公正、公平な態度で接する（中）→差別、偏見をもたず、公正、公平な態度で接し、正義の実現に努める（高）

公平、公正な態度と、正義の実現、差別、偏見を乗り越えていくことの大事さを考えさせていきたいところです。

（中学校）では、上記の内容に加え、「差別や偏見のない社会の実現に努めること」としています。

差別、偏見のない社会の実現に向けてどのようなことを考えたらいいのか、知恵を出していきたいところです。なぜ、差別や偏見があるのかという問題にも目を向けていかなければならないと思います。

③【勤労、公共の精神】……働くことの良さを知りみんなのために働く（低）→働くことの大切さを知り進んでみんなのために働く（中）→働くことや社会に奉仕することの実感を味わうとともにその意義を理解し公共のために役に立つことをする（高）

みんなのために役立つこと、働くこと、社会に奉仕することを、何の疑いもなく求めています。勤労と奉仕が重なって教えられる点には注意をしたいと思います。自発性が失われた奉仕や労働であってはならないと思います。

（中学校）では、［社会参画、公共の精神］と［勤労］の二項目に分けて社会参画と勤労を強調しています。「社会参画の意識と社会連帯の自覚」「勤労を通じて社会に貢献する」を押し出しているのです。

働くことは権利であること、働く人々に保障される権利の数々にも、視野を広げてほしいところです。

④【家族愛、家庭生活の充実】……父母、祖父母を敬愛し、家の手伝いなどして家族の役にたつ（低）→家族みんなで協力し合って楽しい家庭をつくる（中）→家族の幸せを求めて、進んで役にたつことをする（高）

家族愛の強調です。家族の形が多様化している現在、家族・家庭第一主義を叫ぶのは、家庭崩壊の危機感からでしょうか。子育ての自己責任が強まる中で、親たちは孤独な子育てを強いられています。

「父母、祖父母を敬愛し」が前提です。敬愛することを文句なしに求めています。（中学校）では、「父母、祖父母を敬愛し、家族の一員としての自覚をもって充実した家庭生活を築くこと」としています。

⑤【よりよい学校生活、集団生活の充実】……先生を敬愛し、学校の人々に親しんで、学級や学校の生活を楽しくする（低）→先生や学校の人々を敬愛し、みんなで協力し合って楽しい学級や学校をつくる（中）→先生や学校の人々を敬愛し、みんなで協力し合ってよりよい学級や学校をつくるとともに、さまざまな集団の中での自分の役割を自覚して集団生活の充実に努める（高）

まず初めに、先生への敬愛、学校の人々への敬愛を、子どもたちに求めています。敬愛という心情をどうしても育てたいようです。「みんなで協力し合って楽しい学級や学校をつくる」とか、「集団の中での自分の役割を自覚して集団生活の充実に努める」などが中心になることだと思いますが、なぜ、先生や学校の人々への敬愛が先にあるのでしょうか。育てたい子ども像が見えてしまいます。（中学校）では、「協力しあってよりよい校風をつくる」という文言が加わっています。

⑥【伝統と文化の尊重、国や郷土を愛する態度】……国や郷土の文化と生活に親しみ愛着をもつ（低）→国や郷土の伝統と文化を大切にし、国や郷土を愛する心をもつ（中）→国や郷土の伝統と文化を大切にし、先人の努力を知り、国や郷土を愛する心をもつ（高）

伝統と文化の姿を通して、何としても国や郷土への愛を育てたいという執念を感じます。家族愛、先生や目上の人への敬愛のその先に郷土愛、愛国心へとつなげていこうとしています。排他的で偏狭な愛国心でないといいのですが、大いに心配されます。

（中学校）では、「郷土の伝統と文化の尊重、郷土を愛する態度」と「我が国の伝統と文化の尊重、国を愛する態度」の二つに分けられて、同時に取り扱いを大きくしています。

前者では、「社会に尽くした先人や高齢者に尊敬の念を深め、地域社会の一員としての自覚をもって郷土を愛し、進んで郷土の発展に努める」とし、後者では「日本人としての自覚をもって国を愛し、国家及び社会の形成者として、その発展に努める」とし、地域社会の一員としての自覚、日本人としての自覚を強調しているのです。いずれも高い自覚を求めています。

⑦【国際理解、国際親善】……他国の人々や文化に親しむ（低）→他国の人々や文化に親しみ、関心をもつ（中）→他国の人々や文化について理解し、日本人としての自覚をもって国際親善に努める（高）

他国への理解は、そこに暮らす人々への理解ができなければならないと思います。他国の暮らしや、文化に触れ、違いを受けとめることが大事だと思います。国際親善は大事かと思いますが、「日本人としての自覚」とは何なのでしょうか。あえて日本人というところに違和感があります。

（中学校）では、「世界の中の日本人としての自覚をもち、他国を尊重し、国際的視野に立って、世界の平和と人類の発展に寄与すること」としています。日本人としての自覚は、「世界の中の日本人としての自覚」となり、「世界の平和」という言葉が初めてここで登場しています。

「平和」という人類にとっての、最も大きな目標をしっかりと見つめていきたいものです。

指導の観点「D　主として生命や自然、崇高なものとの関わりに関すること」について

①【生命の尊さ】……生きることのすばらしさを知り、生命を大切にする（低）↓生命の尊さを知り、生命あるものを大切にする（中）↓生命が多くの生命のつながりの中にあるかけがえのないものであることを理解し、生命を尊重する（高）

生命尊重は、人権尊重と深く結びついています。平和の問題も、つながっていきます。命のつながりも、理解していきたいものです。未来の人類の幸福を考えることができます。

（中学校）では、「生命の尊さについて、その連続性や有限性などを含めて理解し」「かけがえのない生命を尊重すること」としています。

尊い命が粗末にされたり、命が脅かされたりしている現実にも目を向けることができればと思います。

②【自然愛護】……身近な自然に親しみ、動植物に優しい心で接する（低）↓自然の素晴らしさや不思議さを感じとり、自然や動植物を大切にする（中）↓自然の偉大さを知り、自然環境を大切にする（高）

自然を破壊しているものは何か。自然を人間の都合の良いように変えてしまおうとしている傲慢さ、愚かさにも気づかせたいと思います。地球は人間だけのものでないこと、地球の自然を守りきることが人類の使命だということなども学んでいくことが大切にされるといいのですが。

（中学校）では、「自然の崇高さを知り、自然環境を大切にすることの意義を理解し」「進んで自然の愛護に努めること」としています。

③【感動、畏敬の念】…美しいものに触れ、すがすがしい心をもつ（低）→美しいものや気高いものに感動する心をもつ（中）→美しいものや気高いものに感動する心や人間の力を超えたものに対する畏敬の念をもつ（高）

表面的な感動によって畏敬の念をもてるのでしょうか。「美しいものや気高いもの」って、小学生段階で、どこまでその正体がつかめるのでしょうか。

主に神仏に対して使われている「畏敬の念＝畏れて敬う心」という言葉自体に実体のない危うさを感じます。

（中学校）では、「美しいものや気高いものに感動する心をもち」「人間の力を超えたものに対する畏敬の念を深めること」としています。

④【よりよく生きる喜び】（高学年だけ）…よりよく生きようとする人間の強さや気高さを理解し、人間として生きる喜びを感じる（高）

よりよく生きることは誰の願いでもあるでしょう。その願いを妨げているものはいろいろと出てくると思います。苦難に向き合える勇気の源を育てられればいいですが。

（中学校）では、「人間には自らの弱さや醜さを克服する強さや気高く生きようとする心があることを理解し」「人間として生きることに喜びを見いだすこと」としています。

「指導計画の作成と内容の取扱い」を読む

「第3　指導計画の作成と内容の取扱い」は、四つにまとめられています。

1は、年間指導計画の作成に関わってのことになります。

「各学年段階の内容項目について、相当する各学年においてすべて取り上げることとする」「その際、児童や学校の実態に応じ、二学年間を見通した重点的な指導や内容項目間の関連を密にした指導、一つの内容項目を複数の時間で扱う指導を取り入れるなどの工夫を行うものとする」としています。着目は、児童や学校の実態に応じて柔軟な対応・工夫を指摘している点です。

2は、内容の指導に当たっての配慮事項を七つ示しています。

①「道徳教育推進教師を中心とした指導体制を充実すること」②「道徳科が学校の教育活動全体を通じて行う道徳教育の要としての役割を果たすこと」③「道徳性を養うことの意義について、児童自らが考え、理解し、主体的に学習に取り組むことができるようにすること」④「児童が多様な感じ方や考え方に接する中で、考えを深め、判断し、表現する力などを育むことができるよう、自分の考えを基に話し合ったり書いたりするなどの言語活動を充実すること」⑤「指導のねらいに即して、問題解決的な学習、道徳的行為に関する体験的な学習等を適切に取り入れること」⑥「第2に示す内容との関連を踏まえつつ情報モラルに関する指導を充実すること」「多様な見方や考え方のできる事柄について、特定の見方や考え方に偏った指導を行うことの内容にすること」⑦「道徳科の授業を公開したり、授業の実施や地域教材の開発や活用などに家庭や地域の人々、各分野の専門家等の積極的な参加や協力を得たりするなど、家庭や地域社会との共通理解を

深め、相互の関連を図ること」という七つです。

この七つの配慮事項を把握することで機械的形式的運用から自由になるのではないか、教科書を使う際にも、教科書に縛られないことができるのではないかと考えます。

3は、教材についての留意事項です。

二つになっています。⑴では、「児童の発達の段階や特性、地域の実情等を考慮し、多様な教材の活用に努めること」「児童が問題意識をもって多面的・多角的に考えたり、感動を覚えたりするような充実した教材の開発や活用を行うこと」⑵は、教材についての観点。①「児童の発達の段階に即し、ねらいを達成するのにふさわしいものであること」②人間尊重の精神にかなうもので」「児童が深く考えることができ、人間としてよりよく生きる喜びや勇気を与えられるものであること」③「多様な見方や考え方のできる事柄を取り扱う場合には、特定の見方や考え方に偏った取り扱いがなされていないものであること」を述べています。

4は、評価についてです。

「児童の学習状況や道徳性に関わる成長の様子を継続的に把握し、指導に生かすよう努める必要がある。ただし、数値などによる評価は行わないものとする」と書かれています。

指導要領の中で、この第3の「指導計画の作成と内容の取扱い」は意外と読まれずにいることが多いのですが、「目標」「指導内容」とあわせて把握しておきたいところです。

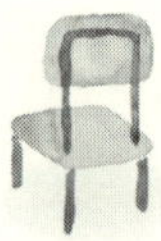

二〇一八年の春から
何が問題になりそうか？

教科書はどうなる？　どうする？

実は、道徳に教科書があること自体が問題だと言わなければなりません。今までは、副読本を活用したり、自主教材を作成したり持ち込んだりして工夫されてきました。あくまでも、指導内容としての価値項目は、授業を組み立てるためのテーマでした。「考え、議論する」道徳の授業を通して、多様な考え方を保障しながら、テーマ（主題）について考え学ぶものでした。その場合、子どもの生活との結びつきを大事に考えてきました。人の意見を聞き、自分の考えが自由に述べることができ、心を豊かに深めることが考えられてきました。権利や平和について考えたり、人権や生命の尊重などについて考えたり、自己理解・他者理解を深めたりなどを大事にしてきました。そのことは、道徳の時間に限られず、学校教育全体を通して追求されてきたものでした。

今回、教科にしたことで教科書ができました。それが、教科化の第一のねらいです。なぜなら、教科書を使って、子どもたちのものの見方・考え方・感じ方・生き方・行動のし方を縛って行こうという意図が、透けて見えています。中には受け流して済むものもあるかもしれませんが、繰り返される徳目主義の授業の影響は大きいと言わなければなりません。しかも、日常の学校生活や行事参加、日々の言動までが、成績評価の対象になるとなっては、黙っておくことはできません。

教科書教材を批判的に分析できれば、授業をどのようにつくっていったらいいか、教科書をどのように扱ったらいいのかがわかってくるのだと思います。

教科書のなかみは?

教科書検定の中でも話題になりましたが、「日本の文化と伝統」へのこだわりは異常なほどです。「礼儀」「挨拶」の強調も、学校スタンダードと結びついて、子どもに型を押し付けるものになりそうです。また、きまりの順守、義務、勤労・奉仕、公共などの強調が、個人の権利や自己主張を抑え、人のため国のために考え行動する子どもを育てようとしています。

夢を見させる、目標を高くもたせることにも必死です。「がんばれ」「努力しろ」と追い立て、「できないのは努力が足りない」「自分に原因がある」と思わせるように仕組まれています。これは、新自由主義を支える自己責任論の強調です。

そして、悲しむべきことに、道徳の指導内容には、憲法の尊重や平和主義、基本的人権の尊重、国民の権利、労働者の権利、子どもの権利条約に盛られた子どもの権利などについて取り上げようとしていません。

教科書検定の中で、そうした教材を取り上げている出版社もありますが、わずかです。私たちは「道徳」の授業や教科の授業の中で、そうしたことを「基本的な道徳の原理」として教えていかなければならないのだと思います。

教科書教材についての問題点は、第2章で詳しく扱われますが、教科書教材のどこが問題かを、知っていくことが大事だと思います。

教科書内容についての問題点は？

採択の対象となった教科書について、考えてみたいと思います。まず、共通することはどのようなことなのでしょうか。また、問題とみられることはどのようなことなのでしょうか。

指導の観点A「自分自身に関すること」B「人との関わりに関すること」では、心のもっていき方を決まった方向に価値づける内容が多いということです。「楽しい」「明るい」「仲良く」「誠実に」が前面に出されています。結果として、言葉の上だけの「良い子」観を子どもたちに与えようとしています。文科省が「価値葛藤の場を重視した指導過程」を求めているにもかかわらず、資料は平板なものが圧倒的です。「節度、節制」「礼儀」では、「正しいあいさつ」「礼儀正しく」「正しい言葉使い」「おじぎのしかた」など、型にはまった行動様式を教え込むことが多くあります。学校スタンダードと呼応して広がっていきそうです。

C「集団や社会との関わりに関すること」では、「責任」「法やきまり」「ルール」「社会や家族に役立つ」「相手の立場に立って」「ありがとう」「感謝」などといった言葉が並び、個を抑制して集団に奉仕する人間を美化する内容が多くなっています。「権利」と「義務」でも、義務が強調されています。権利の大事さを教える視点が小さくなっています。日本の状況そのものです。「きまり」や「ルール」についても、守ることの大事さを訴え、自分たちのルールやきまりを自分たちのために作りだすことや、よりよいものに作りかえるというような視点はありません。権利を奪われている子どもたちの状況をさらに悪化させていきそうです。「家族愛、家庭生活の充実」では、絵に描いたような家族像が描かれ、現実の家族、家庭で起きている問題とはかけ離れた内容が多くなっています。

D「生命や自然、崇高なものとの関わり」では、科学的な目で現実の自然や社会に起きている事実を見て真実を追求し批判的に見ることよりも、「きれいな」「生きている」「すがすがしい」というような、うわべだけの観念的な見方を押し付ける内容になっています。

読み物教材の取り扱いに注目が？

『私たちの道徳』（二〇一四年、文科省著作）や『小学校道徳読み物資料集』（二〇一一年、文科省著作）に掲載されていた読み物教材が主要な教材とされています。あわせて一四八作品の約三割の四六作品が使われています。「はしの上のおおかみ」「およげないりすさん」「黄色いベンチ」「ヒキガエルとロバ」「花さき山」「うばわれた自由」「ブランコのりとピエロ」などです。ほかに、今までの副読本に掲載されていた読み物もあります。「かぼちゃのつる」「手品師」「きんのおのぎんのおの」「きつねとぶどう」などです。

いま、これらの読み物教材の取り扱いについて話題になっています。低学年では、「はしの上のおおかみ」や「かぼちゃのつる」「ヒキガエルとロバ」など、先生たちを悩ませています。読み物教材の取り扱いを考えなければいけない例として、「かぼちゃのつる」を紹介してみます。この教材は、各所で話題になっています。

かぼちゃのつる
おひさまが　ぎんぎら、まぶしい　あさです。
かぼちゃの　つるは、ぐんぐん　のびて　いきました。
はたけの　そとまで　のびました。

「あなたの　はたけは、まだ　まだ　すいて　いるじゃ　ないの。」

「そちらは、ひとの　とおる　みちですよ。」

みつばちと　ちょうちょが、しんせつに　ちゅういしました。

でも、かぼちゃの　つるは、ききいれようとは　しません。

みちを　こえて、すいかばたけに　のびて　いきました。

「ここは　わたしの　はたけだから、はいって　こないでよ。」

すいかの　つるが　いいました。

「すこしぐらい、がまんしろよ。」

かぼちゃの　つるは、へいきなかおで、すいかの　つるのうえへ
のびていきました。

そこへ、こいぬが　とおりかかりました。

「ここは、ぼくや　ひとの　とおる　みちだよ。こんなところに
　のびては　こまるよ。」

「うるさいな。またいで　とおれば　いいじゃないか。」

こいぬは、おこって、つるをふみつけて　とおりました。

「おまえなんかに　ふまれたって　へいきさ。」

ブル　ブル　ブルン
くるまが　きました。

あっと　いう　まに、タイヤが、かぼちゃの　つるを

ぷつんと　きって　しまいました。
「いたいよう、いたいよう。アーン　アーン。」
かぼちゃは、ぽろぽろ、ぽろぽろ、なみだを　こぼして
なきました。

この読み物教材が、「節制、節度」として教えられるのですから、先生たちがどうしたらいいか悩むのは当然です。科学的なことを無視し、あり得ない話で、用意した「徳目」に強引に近づけようとしているのですから。徳目に合わせて無理に授業をすすめようとすれば、こじつけや押し付けがまかり通ってしまいます。

高学年では、「うばわれた自由」や「ブランコのりとピエロ」など、短い時間の中でどのように扱っていいものか先生たちは迷っています。現在目にする授業案では、子どもたちが、どのように受けとめるのかはあまり重視されていません。多様な受けとめや考えを排除するような発問計画を多く目にします。発問は、ワークシートという形で、ますます「徳目」を押し付けてきます。「考え、議論する道徳」とは、ほど遠い展開が強いられていきそうです。

寓話、童話、民話、創作読み物、文学作品など、その活用に問題が出ていますが、それは第2章、第3章で詳しく取りあげられます。

第2章

道徳教科書教材をどう読むか

今関　和子

二〇一八年、四月から「特別の教科　道徳」が実施されます。道徳の授業はこれまでも現場では強制的に行われるようになってきました。先日小学校の道徳授業を見る機会がありました。そこでは、副読本の指導書通りの授業が行われていました。すでに現場の教師は文科省の意図に従わされ、無味乾燥な文科省の意図通りの授業を行っている現実を目の当たりにしました。恐ろしいことです。

　そこから抜け出すには道徳の教材の何が問題なのか、そしてそこからどう授業を変えていけるのか、早急に考えることが必要です。「特別の教科　道徳」の教材はどこが、どのように問題なのか述べることにします。

1　「擬人化」によるトリック

　道徳の教材には、動物がよく登場します。とりわけ低学年に多く見られます。そして、その動物の中に悪い役の動物と正しい役の動物が出てきて、正しい動物の言動が徳目、価値項目となっています。あるいは悪役の動物が心改めて、正しい動物になるという筋です。

　しかし、人間はそもそも動物とは違います。一番の大きな違いは、動物は本能と自然の摂理にしたがって生きているということです。自然界の動物の姿は時として人間の目から見ると、種を守るための行動は感動的でもありますが、種を繁栄させるために、殺し合ったり、食べてしまったりすることもあります。どちらも本能にしたがった行動なのです。

人間は二本足で立った時から自然へ働きかけ、人間の都合に合わせ自然を加工・破壊し、本能を否定しながら生きてきました。そうして今、人間は、文字を使い、文化・文明を発展させ地球を支配しています。動物とは生存の仕方がまったく違います。動物は人間のような知能もなければ、自然の摂理を覆そうとすることもありません。自然の摂理の中で生きている動物を人に例え、人間の都合に合わせて、「擬人化」して動物にセリフを入れて道徳的な教訓を教えようとすることは、根本的に間違っていると言えます。

「かぼちゃのつる」の話は自然の摂理を覆して人間の都合の良いように作っている典型的な話です。植物をも「擬人化」して、かぼちゃを「わがまま者」に仕立てて都合よく悪役にしています。かぼちゃは農作物ですから人間が育てます。自由に伸びたつるの手入れをするのは人間の仕事なのです。かぼちゃは自由に伸びるものなのです。

朝顔を育てる一年生に、朝顔の世話に例えれば、すぐにこのカラクリに気づくでしょう。「朝顔はつるは自由に伸びるのになぜ、かぼちゃはいけないの?」と問う子どもがいたら、この教材はうそ話だということに気づいたということです。こんな「うそ話」を使い、道徳を教えてはならないでしょう。（第3章「かぼちゃのつる」106頁〜参照）

また「ヒキガエルとロバ」などもその典型です。ロバがヒキガエルの命を救おうとするでしょうか? そんなことはありえません。にもかかわらず「擬人化」して、人間の都合でロバが考えていることにするのは、これもあり得ない話なのです。ロバを優しい心の持ち主として「擬人化」し、ヒキガエルをいじめたアドルフら、子どもたちを「ロバにも劣る道徳心」「ロバだってこんな風に考えている」と子どもたちを戒め、改心させようとしているのです。
この場合、農夫も悪役です。農夫は先にロバを進めようとロバに何度もムチ振ります。これまた、ヒキガエルの命を大事にしない不道徳な農夫として描かれています。農夫は生活のために一刻も早く荷物を運びたいのです。しかし生活に追われ、ムチを振るう農夫もまた、悪役です。
「はしの上のおおかみ」では、自然界のヒエラルキー（自然界ではすでに決まっている強者、弱者）をうまく「擬人化」し、くまを正しい道徳的な存在とし、おおかみは、そのくまから学び親切になったことにしていますが、自然界でくまがおおかみより強いことを利用しているだけなのです。（第３章「はしの上のおおかみ」１１４頁〜参照）
「およげないりすさん」という話は、もし、この教材で授業をしなければならないとしたら、なぜ泳げないなら背中にりすを乗せようと知恵を働かせなかったのかと、考えられるのですが、そもそも水生動物と陸上動物がなぜ遊ぶのかそこの疑問が解けません。りすは木に登って遊びます。ほかのあひる、白鳥、かめは木に登れません。もともと遊ぶ仲間ではないのです。「擬人化」するとこのような無理な矛盾した設定になるのです。

同じ動物だと「よいおさるさん」「悪いおさるさん」、異種類の動物だと「悪いおおかみ」「正しいくま」という形で善悪を教え込んでいきます。動物を使い、オブラートにかぶせながら間接的に子どもたちに「よい子」「悪い子」という単純な二つの善悪を教えています。オブラートにかぶせた分、じくじくと子どもの心に染み込み、マイナスの教育効果が出てくるのです。これは動物を使った隠れたカリキュラムです。
「アリさんは働き者」「オオカミは悪者」「うさぎさんは弱い」など、作者の都合のよい想像で利用しているだけの勝手な話を、いかにも本当のように子どもたちに教えることは、あまりに非科学的です。
また「擬人化」が小学校の低学年でさかんに行われているのは、幼い子どもたちは、おかしなカラクリを見破る力が育っていないことが多く、教師の言っていることを正しいと信じる発達段階だからです。子どもの発達段階を利用して子どもたちを騙している点でも大きな問題です。

教育は学問追究の場です。非科学的なことを、ある意図をもって教えるために使うことは、あってはならないのです。しかも、それを低学年という発達段階の子どもたちに多く使い、低学年の子どもの〈思考力〉や〈子どもの自由な発想〉を奪っているのです。

高学年であれば「かぼちゃのつるは勝手に伸びるもの。かぼちゃが痛い！　なんて言うはずがない。そんなことがあったら人間はかぼちゃもなにも食べられなくなる」とあっと言う間に真実を見抜かれてしまいます。こんなレベルの低い安っぽい教材では高学年を騙すことはできないのです。

植物であろうと動物を使おうと、真理であれば、学年を問わず使えるはずです。
教師がどうも「胡散臭い教材」と思う動物や植物を使った教材の多くは、分析してみると今まで述べてきたような「擬人化によるトリック」があるのです。
ヨーロッパの教育では動物を引き合いに出して、どの動物がよくてどの動物が悪いと決めるような指導は行いません。どの動物・植物にも生きる価値があるからです。生命尊重の考えは、人間だけではなく動植物の生存価値も大切にするのです。文科省も人権尊重、生命尊重を、道徳の指導に入れているのですから、指導要領と実際の教材との矛盾です。

2　私たちの中に「刷り込まれた擬人化」を相対化しよう

非科学的でおかしいと言っても「よい話なのだから道徳として使ってもいいではないか」という意見を聞くことがあります。また、こうした教材を疑問に感じないで使っていることを見かけます。それはなぜでしょう。

私たちは子ども時代にイソップの童話など、動物を使っての教訓話を読み物としても読んできました。そして私たちは、こうした話や「道徳的な読み物」を教えられ、「特設道徳」の中で育ってきたのです。

「道徳は答えが決まっていて、先生が求めている答えをだすもの」と感じていた人は、道徳の時間が嫌いだったと言います。私もその一人です。しかし、その「嫌いだった道徳」や図書館にあった教訓的な読み物は、私たちの中に知らず知らずのうちに染み込み、私たちの思想をつくってきたのです。ですから表面上は「嫌い」と思っても、実は私たち自身、「特設道徳」の教訓的な読みで、子どもの頃から「動物を擬人化して教訓」を教えられることに慣れきっている、馴らされ切っているのではないでしょうか。

それゆえ、この非科学的な話を、何の批判もなく受け入れてしまう、そうした土壌をもっているのです。戦前、戦後の教育の隠れたカリキュラムとしてある「動物を擬人化した教訓的な道徳読み」は、私たち自身の中に刷り込まれたものとしてあることを忘れてはならないことだと思います。

「うさぎとかめ」「アリとキリギリス」などで教訓話を習ったことは記憶にあるでしょう。そうしたことが「どこか変だ」と思いつつも、動物を擬人化して教えることに違和感をもたない大きな理由になっていないでしょうか。教師が「アリさんの気持ちは？」などと何のためらいもなく発問できるのは私たち自身が受けてきた「擬人化し感情移入した、非科学的な特設道徳」の中味が、私たちの中に刷り込まれていることによるのです。

動物は自然の摂理の中で生きている存在として客体化してみることが必要です。「アリさん」ではなく「アリ」なのです。人間の友だちのように感情移入をした「勘違いの擬人化」に気づく必要があります。私たち自身を相対化し、「擬人化」によるカラクリを見抜き真理を追究する力・理性をもつことが必要です。

3 道徳のために作られた「道徳読み物」

道徳の読み物教材には、特設道徳がつくられて以来、着々と文科省が「道徳のために作ってきた話」が大変多いのです。今回の検定でも、そうした教材がたくさんあります。もともと教訓や徳目を教え込ませるために、意図的に作られた話なのです。徳目に合わせて話をつくるわけですから、設定に無理があり、不自然で、納得できない話が多いのです。こうした「道徳的な読み物」は、童話でも小説でもないのです。徳目を教え込むためのただの「道徳のための読み物」教材です。そうしたいかがわしい教材で、人が生きていくマナーや倫理を教えることができると思いますか。子どもたちをバカにしていると言っても過言ではないでしょう。

「雨のバス停留所で」「黄色いベンチ」「うばわれた自由」「ブランコ乗りとピエロ」「ハムスターの赤ちゃん」「およげないりすさん」「よわむし太郎」「手品師」などなど『道徳資料とその活用』の中にある「道徳の読み物

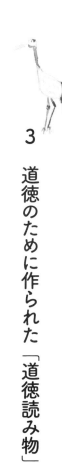

資料（以下「道徳読み物」と記す）」の中の話です。またかつての児童文学者と言われた人が書いたものでは、例えば「はしの上のおおかみ」がありますが、この話の出典は『読んでおきたい物語やさしい心の話』（ポプラ社）という本で、やはり「道徳読み物」として書かれたことがわかります。つまり文科省お抱えの児童文学者がおり、着々とこうした「道徳読み物」で指導するよう準備されてきたのです。道徳のために書かれた徳目話、教訓話であることを認識する必要があります。

また、かつて児童文学、昔話、伝承話は、儒教的な日本の風土もあり、人情たっぷりで、教訓的な話がよくあります。「花さかじいさん」「夕鶴」「泣いた赤おに」などはうっかりすると「教訓話」として使われてしまう危険があります。また戦前・戦後の児童文学者の作品は、道徳として教えようとしているわけではなくとも、前近代を時代背景としており、それがために「教訓的」であったり、不条理な話であったり、人情話であったり、作者の感情移入で擬人化を施して書かれているものもあります。近世の社会では儒教の教えが道徳ですから「年上の者を敬い、教えられたことには服従、やさしい心をもつことで生きられる」と考えられてきました。そうした儒教的土壌が戦後になっても児童文学の中にも面々として生きている点も忘れてはならないでしょう。

例えば「百羽のツル」（作・花岡大学・一九〇九～一九八八、童話作家・僧侶）の話がそうです。百羽のツルが渡りの途中で病気になり気を失った子どものツルをまるで曲芸のように仲間のツルが支え守るという話です。作者のやさしい心への願いをツルに託したのでしょうが、これは単に作者の思い・想像に過ぎないのです。作者は鶴がちょうど百羽だったらよいと思ったのでしょう。自然の摂理では、飛べなくなった鳥は脱落するしかないのです。群れになっているということがそもそも防衛本能の表れです。この「非科学的な擬人化」

で道徳を教えてはならないでしょう。

ではヨーロッパではどうなのでしょう。イソップ、アンデルセン、グリム兄弟などの話は実に教訓的であり怖い以上に恐ろしい話もあります。しかし、グリムは一九世紀の人で、王政がひかれていた宗教色濃い中世の昔話を集めてきた人なのです。教訓的であったり恐ろしい話であったりするのは当然なのです。イソップに至っては古代ギリシャの奴隷であったそうです。「うさぎとかめ」「アリとキリギリス」「北風と太陽」「肉をくわえた犬」など希望のない教訓話が多いのも、イソップが奴隷であったということを考えたら当然かもしれません。ヨーロッパではこうした話は残っていますが、すでにこれらの話から人の生き方、マナーや倫理を教えません。教育として扱うにはすでに過去のものなのです。

今回、教科書ではイソップの「金のおの」「うさぎとかめ」が載っていますが、今の時代にこうした教材がふさわしいとは全く思えません。（第３章「金のおの」１２３頁～参照）

今回の「特別の教科　道徳」では「考え議論する道徳」とも銘打っています。そうだとしたら、子どもたちに「自分の考えをもつこと、伝えること、話し合うこと」つまり民主主義を教えていくことが大事です。そこを根拠に授業を展開していく可能性を拓きたいところです。

すでに過去のものである昔の教訓話を「わかりましたか！」と教え込む必要がどこにあるのでしょうか。教訓的な昔話や、設定自体が古くなった文科省の「道徳読み物」を今さらわざわざもってこなければならない本当のわけは、民主主義とはまったく逆である「疑問をもたずに、従順に服従する子どもを育てようとしている日本的国家主義」なのではないでしょうか。正体はそこにあるのではないでしょうか。教育勅語がダブって見えます。

4 「ある時」「あるところに」は？

徳目を教えるためにつくられた「道徳読み物」は、時代不明、ところ不明の、わけのわからない設定の話が多くあります。

例えば「うばわれた自由」ですが、この話は、どうやら王政がひかれていたヨーロッパの国のようです。わがまま放題のジュラール王子が狩りをしてはいけない時間に狩りをしようとしますが、正義感あふれたガリューという人が王子に、狩りをしてはならないと、注意をすると、そのガリューの注意が王子の怒りをかい、ガリューは投獄されてしまいます。やがて王子は王になりわがまま放題な政治を行います。その悪政に怒った国の人々は反乱を起こし、王は投獄されることになります。すると王が投獄されたその牢屋にはなんとガリューがいるのです。そしてガリューに昔言われたことを思い出し、反省するという話の設定です。

そもそも、王は一度しか会っていないガリューの顔など覚えているはずがないのです。これは私たちの日常生活を考えればすぐにわかります。またガリューは何年も不衛生で、日が当たらない牢屋で、食べるものもろくになかった牢屋の中で生き続けることなどできたでしょうか。さらに偶然にも王と再会することなどあるでしょうか、ありえない設定です。そのあり得ない設定の中、わがままな王は改心し、そこから「人は誠実に生きることが大事だ」と教えるのです。ガリューは「命がけで誠実に生きる」のです。しかもたまたま偶然王にあったからいいようなもの、確率としては非常に低いのです。ドキュメンタリーなら理解できますが、私たちは万に一つの確率を信じて、命をかけ生きなければならないなんて、こんなバカげたことはありません。おまけに、「誠実に生きることが大事だ」とわかっても、すでに牢屋にいる王とガリューには生きる希望はありません。

「よわむし太郎」も同様です。よわむし太郎は、森の小屋に一人で住んで、子どもたちにひどくバカにされていますが、何をされても、にこにこ笑っている人物です。よわむし太郎は一体どのような出身でどうやって生活をしていたのか不明です。村の子どもたちがこぞってよわむし太郎をバカにして散々いじめているのですから、その様子からよわむし太郎は当時、相当な弱者であったのではないかと思われます。士農工商のさらに下なのか、あるいは流れ者で共同体から外れている人物なのかもしれないと想像できます。それでいじめの対象になったのかもしれないと想像されます。人はひどいいじめに遭うと心が壊れてしまうものです。

しかし、よわむし太郎は違うのです。どんなにいじめられようと子どもたちが大事にしている白い大きな鳥に餌をあげたり、せっせと世話をします。一体なぜそんなことができるのでしょうか。「不条理なことがあってもそれに耐えることがやさしさだ」と教えているのです。この場合、公正、公平、正義の心は都合よく吹っ飛んでいます。ともかくどんなことがあっても「やさしく生きる」ことを教えたいのだということだけは透けて見えます。

との様が出てくる前のこの場面でも、授業はできそうです。子どもたちのいじめをどう思うか、よわむし太郎はなぜ、子どもたちの鳥を世話するのか、やさしさとは何か、公正、公平、正義とはなにか「いじめ問題」としても議論できそうです。

狩りの好きなとの様が、子どもらの好きな白い大きな鳥を弓で射ろうとします。するとよわむし太郎がとの様の前に出て、「両手を広げたまま、目から大きななみだをこぼし」子どもたちの大事にしている鳥なので助けて欲しいと頼むのです。みんなにバカにされてきたよわむし太郎のどこに「勇気溢れる別の人格」があったのでしょうか。不自然過ぎます。よわむし太郎はとの様に切り殺されてしまうのが成り行きです。との様がよわむし太郎のやさしさに心を変えるぐらいなら、子どもたちの鳥を射るもともしなかったでしょう。物事の本質には触れずに、「との様の心を変えたよわむし太郎」という話です。直訴に及んでとの様の心が変わるためには、何人ものよわむし太郎が犠牲となるでしょう。「うばわれた自由」によく似ています。自己犠牲あっての、やさしさの押し付けです。これでは命がいくつあっても足りません。（第3章「よわむし太郎」135頁参照）

「ある時」「あるところに」は要注意です。

こんな風に「昔」こんなことがあったという話は、そもそも教訓話をするためにつくられ「決められたことを守る従順で考えない人間を育てること」を意図していることがよくわかります。思考を働かせ、真実を見抜く人間が出てこないように教え込もうとしている意図があることがよくわかります。

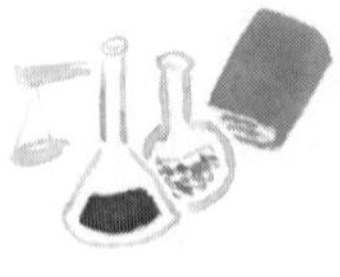

5　事実改ざん・業績主義の「偉人伝」

「特別の教科　道徳」では疑問をもたずに素直に従う人を育てようとしています。どのように育てようとしているでしょうか。偉人伝にその意図がよく表れています。

偉人伝と言えば、野口英世、二宮金次郎が頭に浮かびます。今回、野口英世については、「小さい頃、やけどを理由に散々いじめられたが、母に励まされ医者に手術をしてもらい治ったので、自分も医者になろうとくじけず頑張った」と、母と清作のさし絵と生家の写真が載って、東京書籍の3年の教科書に掲載されています。同様の内容で、学校図書出版の2年にも掲載されています。

また二宮金次郎は、「幼い頃親が亡くなり、それでも苦労して働きながら学び、立派に家を再建し、その後農村の改革に自らの人生をかけた人」として載っています。共通することは、二人の偉業について、それまでの苦労と努力のみ述べていることです。シンプルに簡潔にその人の偉業のみを書き、「こういう優れた人の後に続きなさい、努力して頑張りなさい」と教えるのです。

野口英世という人は、実は学歴詐欺・結婚詐欺等があり、非常に行動に問題があった人物です。それなのに偉人に仕立てられ、本人もびっくりしているのではないかと思うのですが、要するに業績だけが必要なのです。業績と言っても野口英世は、黄熱病の原因はウイルスを細菌と勘違いしていたので、ノーベル賞を受けることができなかったのです。それを考えるとますますおかしな話です。また、母性愛を強調している点で、ジェンダーの視点からも問題です。

二宮金次郎は「私たちの道徳」では低学年に載っていました。「父母をなくした金次郎がまんべえおじさんのところに身を寄せるが、まんべえおじさんはいじわるで、散々金次郎にいじわるをします。それでも金次郎はなんとしても『二宮家』を立て直そう」と、働きながら学んで家を建て直し、がんばる話として載っていましたが、今回、教科書（教育出版4年）では「父母が亡くなり、貧乏で苦労したが、頑張って働き学び、家を建て直し、さらに荒れた農村の改革に尽くした」ということが書かれています。そして「一生けん命働いて、周りの人や世の中の役に立つこと」という金次郎の格言が載っているのです。やはり努力を教えるために、必要なことだけを載せています。

二宮金次郎の話で、まんべえおじさんが金次郎に勉強を許さなかったのは「百姓には勉強はいらない」という考えがあったからです。そしてもっと金次郎について大事なことは、懸命に働き勉強した目的が「たが家の立て直し」であり、それは「私利私欲」であったことを後に深く反省しているのです。その反省から、世の中のために尽くそうと荒廃した農村の立て直しを始めたのです。そこが大事なことですが、それは「特別の教科　道徳」にとってはどうでもよいことなのです。二宮金次郎の人となりや信念は捨象されています。二宮金次郎も、このような偉人伝として扱われることは不本意だろうと思います。

二宮金次郎も野口英世も業績だけが大事なのです。「苦労したことと業績を綴る」ことが偉人伝なのです。本当はこういうことだったという話は余計なことでいらないのです。何も考えずに素直に「偉人」の業績を讃え、受けとめさせるにはこれに限るのです。「業績主義」「成功主義」「成果主義」という競争原理がそこにはみられます。それがねらいです。

マリー・キュリーが「放射線を発明した業績」は書いても、「その放射線の影響で病気になり亡くなった」ことは書かないのと同じです。事実を歪曲化した偉人伝を教えてよいわけがありません。

人物を取り上げた教材の中で高橋尚子を取り上げた「いつか虹をかける」（東書）は、金メダルを取ることだけが目標ではないことが書かれています。また向井千秋さんを取り上げた「将来の夢」は、人それぞれ、自分のあり方を自由に求めて夢をもって生きることが書かれています。こうした視点から子どもたちと夢を話し合うことは競争主義ではなく個性尊重として考えられます。（第３章「夢をどう育てる？」１４２ページ参照）

多くの人は無名です。人々が黙々と生きていくことを知られることこそ大事ではないでしょうか。

最近では、オリンピックで金メダルを取り、結果を出した人、プロスポーツで結果を出した人、企業を起こし成功した人、障害者になってもパラリンピックで頑張っている人など、頑張る、努力、成果を上げることが偉人伝として取り上げられています。やはり「業績主義」です。

有名になった人を教えるなら、その人の後ろには多く人々がいて、どの人たちの生き方も尊く、むしろ下支えをして生きてきたことをこそ教えるべきではないでしょうか。

今、若者たちは仕事にもつきにくく、ひどい労働条件の中「結果を出す」ことを強いられている自己責任社会です。これが現実であるのに、まだ偉人伝を出してくるのは、「なせば成る、できないのは自分のせいだ」という自己責任論が背後にあることを強く感じさせます。

6　偉人伝でなく「歴史を切り拓いた人々」を

ビクトル・ユーゴーの「ああ無情」の小説の一部、「銀の燭台」が教科書教材として載っています。小説は、近代へ向かうフランスの激動期を描いたものです。フランス革命の後の反動期王政復古時の理不尽な時代状況、その中での人々の闘いを描いたもので、現代にも通じる名作です。しかし、この話の一部が小説の内容を改ざんし、取り出され、作者の意図を無視している点は大きな問題です。

「姉とその子どものために盗んだ一切れのパン」ゆえに一九年も投獄されねばならなかった酷い政治が行われていた時代背景なしには授業はできません。ビクトル・ユーゴーが書きたかった「ああ無情」という話は、最初の「銀の燭台」の話が序章部分です。そこからその時代の矛盾を描き、「圧政からの民衆の解放」を描いています。この作品の全編を知っていれば、「盗みはいけない」とか「寛容の心で」などという教訓話にしてしまうのは、違うということがわかります。この話は、平等な社会を築いていく時代を切り拓いた人たちの話として、「人権尊重」を考えるよい学びになります。（第3章「銀のしょく台」153頁～参照）

「私たちの道徳」中学校編で取り上げられていた杉原千畝の話は、今回の小学校の道徳の教科書では、高学年で三社（光村図書、日本文教出版、光文書院）に記載されています。同盟国であった日本の外交官が国の命令に反して、ユダヤ人の人権・命を守ろうと国の命令に反し、ビザを書き続け、外交官を辞めさせられた杉原千畝の話です。

どの教科書にも杉原はビザを書いたことで外交官を辞めさせられたことは書かれていません。外交官を辞めさせられた杉原千畝の名誉回復がなされたのが二〇〇〇年であることにももちろん触れていないのです。千畝が生きている時には彼の功績は認められず、亡くなってからの名誉回復だったことは重要なことです。現在に通じる話です。杉原千畝の話は歴史を支え切り拓いてきた人として、歴史的事実として子どもたちに伝えることができます。今でも意味がある話です。

アメリカのキング牧師の話もそうです。人種差別に立ち向かい運動をし、銃弾に打たれ命を絶たれましたが、そうした歴史を築いたキング牧師の行動は、人種差別をなくそうという現代の運動に大きな影響を与えています。それだけでなくさまざまな差別をなくしていこうという、未来への希望や道しるべとして学ぶことができます。

またマララ・ユスフザイが女子教育を広める活動をし、ノーベル平和賞を受賞した話（光文書院）なども あり、学べる教材が含まれています。

次の改訂でどうなっていくのか見届けたいところですが、それらの教材がなぜ、よい教材なのかと言うと、事実であり、その事実が歴史を拓いてきたからです。

また、今回の道徳教科書で、谷川俊太郎の訳した「世界人権宣言」30章（光村6年）「子どもの権利条約」（光村5年）も活用できそうです。

業績主義の「偉人伝」はいりません。「歴史を切り拓いた人々」の歴史的事実から人の生き方、倫理について学ぶことはたくさんできます。

7　自己犠牲と絶対服従

4で述べたように、「うばわれた自由」「よわむし太郎」など、やさしさには自己犠牲がついてくるものが多いのです。

「しあわせの王子」もそうです。若くして亡くなった王子は、金箔の銅像になっています。その王子は自分の銅像の金箔やルビー、エメラルドなどをツバメにはがしてもらい貧しい人に届けます。ツバメも南の国に帰りそびれ、死ぬまで王子の願いを叶えます。王子もツバメも見事に自己犠牲の心です。

しかし、この話も本質的な矛盾があります。国にそんなに貧しい人がいるのに、若くして亡くなった王子のために、なぜ金や宝石を使ってまで銅像を建てなければいけないのかということが一つです。そんなお金があるなら貧乏な暮らしをしている国の人がもっと豊かに暮らせるようにすればいいと思いませんか。いかにもやさしい王子ですが、貧しい人々への施しでもあります。この話はキリスト教的な宗教観も色濃くでていて、自己犠牲をして天に召されていくという感覚は簡単には理解できません。これはキリスト教的な発想ですが、自己犠牲を教えるためには何でもありなのです。（第3章「しあわせの王子」135ページ〜参照）

「星野君の二塁打」はどうでしょう。少年野球で星野君という子が監督の「バントをするように」というサインと違った自分の判断でバットを振ります。二塁打になりチームは勝ちます。しかし、監督の指示に従わないことはチームの輪を乱すとして成敗され、星野君は試合に出られません。一人ひとりが個人、個性として大事にされるより、集団の利益がまず第一になっています。

テニスは、できるだけ長いラリーを続けることが目的で楽しむためにあったと聞いたことがあります。楽しむために始まったスポーツですが、オリンピック、国際大会など、勝ちに向くスポーツが広がり、スポーツは闘うスポーツに変わってしまいました。そして、監督の指示が絶対なのです。実際に、現在のオリンピックのドーピング問題では、選手の意思ではなく、コーチの考えで選手の知らないところで薬を飲ませていたことが明らかになるなど、スポーツをする人が、一人の駒でしかないことが明らかになっています。

今回の検定では「星野君の二塁打」は、東京書籍で5年の教材として価値項目「法やきまり、権利と義務」で検定に提出していましたが、指導要領に示す内容に照らし合わせて扱いが不適切として修正を求められ、別の資料に挿し替えています。「星野君の二塁打」を掲載している日本文教書院では「星野君の二塁打」は「きまりを守り、義務をはたす」の価値項目になっています。「義務」を教えるのです。「権利」は否定されたのです。

この価値項目は星野君の二塁打はきまりに従わない、義務を守らないダメな例をして教えることになります。監督の指示は絶対なのです。ジレンマ教材としては考えることができそうな教材ですが、価値項目を教師が押し付けられていたら、子どもたちのさまざまな意見を聞くことはできません。「自分だったらどうするか」子どもたちが自由に意見を言える授業でなくては、価値の押し付けにしかなりません。

楽しむスポーツではなく、勝ちに行くスポーツが、子ども世界のスポーツにも大きく影響を及ぼしています。「個人は一つの駒」に過ぎないことがはっきりわかります。これは道徳に限らず、中学校、高校の部活問題でも言えることです。

競争社会を鏡にして、スポーツも「勝ち」を求めていくものになっていることの問題が、そこにはあります。規則は規則。自分の心を殺して「絶対服従」を教えていいのでしょうか。

人のために努力していい気持ちやすがすがしい気持ちになることを求めているならまだしも、自己犠牲をしても、やさしい気持ちをもつことを強調して教えようとしています。こうして、ものを考えずに素直に従う人間を育てようとしているのです。

私たちがどのような価値観をもっているのかが問われています。すでに教材に疑問をもたないとすれば、私たち自身がすでに「考えずに素直で従順な人間」になってしまっているのですから。

8　生活現実の無視

今、日本では貧困が蔓延しています。一見、物が豊富でスマホを持ってそれなりの生活しているように見えても、スマホが家族との連絡のための大事なツールになっている貧困家族もあります。食べ物がない、親がいなくなった、暴力を受けている、お金がないから部活には入れない、家の家計を支えるために学校が終わったら掛け持ちでバイトをしている高校生。仕事をクビになり老後のお金がない……すべての年代にひたひたと貧困が押し寄せています。

こんな現実なのに、道徳の授業では教科書の始めに必ず「基本的生活習慣」の徹底が必ず入っています。「早寝、早起き、朝ご飯」です。すでに私たち自身もできないことです。

「基本的生活習慣」を求められたら、「それはそうだ」「そうした生活ができたらいい」と多くの人は思います。しかし、現実の生活はそうなっていないのです。生活に追われている毎日を送っているのが多くの人々です。しかし「生活現実」を無視してこうした徳目を掲げることは「そうした生活ができたらいい」という人々の願いを逆用しています。

生活現実に合わないことは、すでに私たちはわかりきっていることです。実行できない現実があるのに「きまりを守る」「嘘はつかない」「真面目に頑張る」「善い行いをしよう」を押し付けるのは社会矛盾を隠そうとしている意図であることが明らかです。そうしたことができる社会保障・条件こそが必要なのですが、そのことから目をそらさせ、基本的生活習慣を押し付けます。現実生活には触れさせない「精神主義」の押し付けです。

教師が生活の葛藤や生活のシンドさと子どもの生活のシンドさをダブらせて考えられたら「朝ご飯など食べてこられない子がいるのにおかしい」教材の矛盾を捉えることができます。そしてできるフォローをするでしょう。

しかし自分の生活現実を相対化できない教師であれば、徳目通り「親は朝ご飯を子どもに食べさせるべき」と考え、子どもたちに徳目を押し付けるでしょう。子どもの生活現実も教師の生活現実も相対化できず、徳目を強要することになったら、より厳しく「しっかりしろ！」と教えるのではないでしょうか。恐ろしいことです。

実際、貧困が蔓延している中、その貧困やしんどい思いの中で生きている子どもたちは、本当はお互いの厳しさをわかりあうことで相互理解することができるでしょう。しかし、教師が社会現実の矛盾に気づいていないと、子ども同士の対立や差別を起こし、本音を隠してよい子のふりをすることを教えてしまうことになります。実際そうなっているという話も聞きます。学校は本音を隠し、よい子のふりをする場でしかなくなってしまいます。そして、それはすでに子どもたちがよい子のふりをするという現実のものにもなってきています。子どもたちの生活現実からスタートしなければ生きた学びになりません。

9　きまりの押し付け

「基本的生活習慣」と同じように強調されているのが「きまりを守る」ことの強調です。

例えば七社に掲載されている「黄色いベンチ」という教材は紙飛行機を遠くに飛ばそうと地面から飛ばすのではなく、黄色いベンチに立ち飛ばす話です。どうしたら遠くに飛ばすことができるか考える子どもの知恵がよく表れています。ベンチの上からは紙飛行機が高く飛びます。

しかしその後、ベンチに女の子が座ったためスカートが汚れ、きまりを守らなかった話に変わってしまいます。ベンチには立つものではないというきまりの話になり、子どもの自由な発想は否定されてしまうのです。紙飛行機を遠くに飛ばそうという子どもより、ベンチになんか立たないで「きまりを守る子」が正しいと教えています。

「なぜ、子どもたちはベンチに乗ったのか?」そこに視点を当てたら、この話はまったく別の展開になるでしょう。飛行機を遠くに飛ばそうという子どもの知恵や発想を大事にしていきたいものです。きまりのためには子どもらしさも捨てなければならないことを教えてはならないでしょう。

「ぽんたとかんた」もそうです。大人に隠れ秘密基地を作るという経験は誰にもあります。大人に知られない世界を広げていくことが自立への過程です。けれど、ぽんたは「入ってはいけないと言われている」ので、うら山には入ろうとしません。しかしかんたは、好奇心旺盛で「二人で行こう」と誘います。実に子どもらしいのです。「なぜ、入ってはいけないのか」大人たちは教えていないのですから興味が湧くのもあたり前です。子どもたちの本来の姿は実は「かんた」なのです。しかし、かんたはひとりになって「うら山はあぶないから」行かないことに考えを変えます。かんたは「なぜ、行ってはいけないのか?」という考える力を捨て、大人たちが「いけない」と言ったことに従うことにしたのです。自分の思いや自由な発想を一つなくしまったのです。

「きまりじゃないか」もそうです。雨が上がり、校庭で遊べそうになったので、「ドッジボールをしようよ」と大助が言いますが、「だめだよ、まだ、あそびボードが赤じゃないか」と裕一は止めます。子どもたちは雨が降ってストレスが溜まり、落ち着かないことはよくあることです。雨が止んだら子どもたちは勢いよく外に飛び出していきます。しかし「校庭はまだ水たまりがのこっています。校舎内で過ごしましょう」と校内放送が流れ軍配は裕一が上がるのです。きまりを守る子がよい子と教えています。裕一の本当の気持ちはどうだったのでしょう。（第3章「きまりじゃないか」127頁〜参照）

「雨のバス停留所で」の話もそうです。雨が降っているので軒で待っている人（そもそも軒で待つバス停など最近ありません。バスストップの上に屋根があったり、囲いがあることもあります。そういう点でも話自体が時代遅れです）とバスストップとの間が空いています。空いているのだからバスストップの近くに行こうとするのは子どもの発想です。大人でもそうした暗黙のマナーを知らずに行動することは、何もバスストップのことに限らずあることです。雨が降ったら濡れないように軒に並ぶのは一つの知恵ですが、それは一つのマナーに過ぎません。雨の中傘をさして順番を待つこともあります。列が空いていたら列に入られても仕方ないという常識の国もあります。

しかし、もし雨の日はバスストップから離れた軒下で待つという、暗黙のバスを待つときの約束があったとしても、子どもたちが知らなくてもあたり前です。母親は子どもにバスを待つときのマナーを教えてあげればいいだけなのです。なにも「厳しい顔をして子どもを引きとめる」ことはないのです。子ども目線に立てない大人の発想の押し付けです。子どもはワケがわからず母親が不機嫌になった理由を考えるという話です。（第3章「雨のバス停留所で」127頁〜参照）

これらの教材の問題点は、子どもの自由な思いや発想を、大人が作ったきまりを押し付けることでつぶしていくことになっているのです。自由な発想を捨てて、徳目に従うことを教えるにはふさわしい道徳教材ですが、恐ろしい教材です。こうした教材は子どもたちの子どもらしい発想を「きまりを守らない」として叱り、子どもの伸びやかな成長を歪めていきます。

教科書をめくっていくと「きまり」の教材ばかりが目立ちます。「きまりを守る従順な人間」を育てようとしている意図が明白です。

10 ジェンダーバイアスと人権尊重

〈人権尊重〉という言葉の現代的な意味を正確に捉えましょう。

人類の歴史は今まで階級社会でした。そして長い時代、ずっと多くは支配層の男性など、優位な位置・地位にあるそうした人を〈人〉として指していました。それ以外の人は実は〈人〉の中には入っていなかったのです。現在、〈人権尊重〉とは女性、障害者、セクシャルマイノリティ、在日、外国人、老人、すべての弱者を含む人を指すことを確認します。

●ジェンダーバイアスの視点から

まず「ジェンダーバイアス（社会的に作られた女性の差別）」を女性のあるべき姿として描き、相互を対等に尊重する人権尊重の視点「ジェンダーフリー」がないことが問題です。

道徳の教科書には「ジェンダーバイアス」を主に性別役割分業（男は仕事、女は家事育児）をあるべき姿として描いています。国立社会保障人口問題研究所の二〇一〇年の調査によると標準家族（夫、妻〔専業主婦〕、子どもという構成の家族）は全世帯数の二八％であることがわかっています。標準家族はすでに三分の一を切っているのです。

しかし教科書に登場する家族はみんな、すでに世帯としては三分の一を切った標準家族です。お母さんは家事や育児をすることが当たり前で、子どもはそのお手伝いをしたりします。父は時折、休みの日に料理を作ったりする特別の日があったりします。そして、家族で子育ては母の役割、自己責任と母性、性別役割分業を強調しています。すでに日本だけでなく世界的にも家族の実態と合わないのです。

例えば「ハムスターの赤ちゃん」では、母親はこんなにも子どもを愛しているということがメッセージとして強烈に込められています。「母性本能」は人間にはないことがすでに証明されているのに「母性本能」が強調されています。たたみ掛けるように「お母さんは」という言葉が登場し、ハムスターの母はこんなに子どもを可愛がるのだという例をあげ、人間の母親に「子育てを愛情をもってするものだ」と実は言っているのです。これは明らかに意図的なものです。

虐待など不適切な子育てが増えている今、それでも文科省は母の愛に満ちた子育てをすべきと主張しているのです。育てることが難しい現実にも拘わらず、育てられない母を責める結果になっています。虐待やネグレクトに陥る子育てを厳しく断罪しているのです。ここでも、またハムスターを使った「擬人化」によるトリックが利用されています。

こうした授業を受け、親から虐待を受けている子、単身家庭の子など、標準家族でない家族で育っている子どもたちはどんな気持ちになるでしょう。罪深いことです。しかもそこしか触れないのです。ハムスターは本能で子育てをしていることには触れないので、ハムスターの親（野生動物の親には多く見られる）は生後、人間の臭いが赤ちゃんに付くと危険を感じて本能的に赤ちゃんを守るために食べてしまうことは触れません。そしてやがて子離れ、親離れがあることも余計なことですから触れません。ハムスターや野生動物の子育てと人間の子育てを引き合いに出すのはそもそも間違っているのです。

「ブラッドレーの請求書（おかあさんの請求書）」は、母は無償で家事育児をするべきという性別役割分業の押し付けがあります。「お金が欲しいなんて、なんという欲の深い間違った考え」であるか子どもにも教えています。子どもは当然家族の一員として助けるべきというしつけなのです。母は家庭で家事育児。子どもは献身的な母の姿（母、妻という性別役割分業）から学び、父は外で仕事というパターンの設定です。

しかし性別役割分業が仮にあったとして、結婚という契約が終わっても、母であった女性も貧しさに苦しむことなく、別の新しい豊かな人生を送る保障があれば、ある一定の時期の性別役割分業もよいかもしれません。しかし日本では、性別役割分業の中に一度入ってしまうと夫の給料で養ってもらうことから、妻が経済的に自立することは難しいのです。離婚して夫から自立しても、子どもを抱えながら生きる女性の給料は男性の七〇％です。母子家庭の二つに一つは貧困であるという統計結果が女性の自立の難しさをよく示しています。

そして離婚し子どもを母親が育てていても、日本では夫が養育費を支払うことはほとんどないのです。役割なら役割を対等に交換することができていいはずですが、それはあり得ないのです。不平等です。つまり性別役割分業は女性にとって差別的なのです。それなのに、お母さんは子育て、家事をするのが当たり前とは、おかしくはないでしょうか。

「雨のバス停留所」でなぜ母親は、「厳しい顔をして子どもを引きとめ」たのでしょう。母親はバスの中でもなぜ不機嫌そうだったのでしょう。子育ては母親の仕事、子どものしつけは母の腕次第と思われます。あの母親は自分の子育ての不出来さを公衆の面前でさらしてしまったと思い、母親としての不十分さを恥じたのです。それを娘につらい態度をすることで、今、しつけ直しているということにしたかったのでしょう。性別役割分業としての母親失格のつらさであり、母は恥ずかしさと怒りの矛先を娘にぶつけたと私は分析します。母親も気の毒ですが、娘もいい迷惑です。

今、家族は四〇代で妻子がいる男性は二人に一人で、四〇代世帯で五〇%しかいわゆる標準家族はいません。後一〇年もしたら、標準家族はもっともっと減るでしょう。家族は母子家庭・父子家庭などの単身家庭・祖父母のどちらかと母と子、祖母と孫など多様な家族構成になるでしょう。すでに教科書に載っている標準家族は現実的ではありません。標準家族をあたり前として教えること自体すでに不適切です。

親は働くことで精いっぱい、あるいは心身症で働けない、そんな現実も増えています。それなのに標準家族をあたり前として子どもたちに教えることで、標準家族でない子どもたちに「自分はダメだ、うちはダメだ」と思わせてしまうでしょう。子どもの心を傷つけ、未来に希望がもてない大きな問題を含んでいます。子どもの人権をどう守るのかという人権問題です。もっと子どもたちの現実を基に教材を考えるべきです。

●人権尊重の視点から

人権の視点から「はしの上のおおかみ」の話を見てみましょう。うさぎやきつねやたぬきはオオカミの変身で「運よく平和に生きる」ことができるようになりました。くまはオオカミより強いのでゆとりがあります。そのくまの態度にヒントを得て、くまに真似ることで、オオカミはやさしくなりました。したがってうさぎたちの平和はオオカミとくまのご機嫌にかかっているのです。彼らからの施しの中での平和なのです。自分たちでつかんだ平和ではありません。弱い者は「施しの中で従順に生きる」こと、他力本願を教えています。これは人権尊重には当たりません。（第3章「はしの上のおおかみ」114頁～参照）

先に「擬人化」で触れたように、動物を悪役や善い役に例えるのは、「人間を含め、どの動物にも生きる価値がある」という人権の視点からも問題です。

また、人権について考えるとき、「うばわれた自由」の「ガリュー」や「よわむし太郎」は勇気があると教えるのは間違いです。との様や王が独裁している時代にこんなふうに正義をかざしても報われないのですから。独裁政治が行われている時代に、よわむし太郎の行動やガリューの行動は無謀な行動です。それを勇気とは言えないでしょう。

そんな差別のある時代に正義を振りかざして行動することは命がけです。社会の状況を変えることなく、命をかけるのは、無謀であり、愚かでしかないのではないでしょうか。

都合のよい所だけ切り取って社会問題から目をそらし、現実や真実を見せず、目の前の事態だけを示して、主権者としての自覚を育てようとしない意図であることが見え見えです。

「るっぺどうしたの」という教材が低学年にあります。朝は起きられない、ものの整理はできない、わがままで、人の言うことはきかない乱暴者のるっぺが登場します。

そして、るっぺは「何が気に入らないのか」とうとう、ぽんこさんにすなをなげてしまうところで、話は終わっています。るっぺの行動はどうだったのだろう？　るっぺのようなわがままはしてはいけないねという話し合いが進められることになっています。

しかし、この指導はどうなのでしょう。クラスの子どもたちの中にはまだまだ、幼く、あるいは気質的な傾向、環境的な問題等を抱え、るっぺのような子どもたちは年々増えています。彼らの抱えている辛さや思い、その行動のわけには迫らず、るっぺのような子どもはわがままな子と決めつけるような指導をしてよいのでしょうか。るっぺが「何が気に入らないのか」クラスの子や先生にはわからないのですが、実はるっぺにはるっぺなりの理由があったはずなのです。それを聞きだしるっぺに寄り添うことが必要なのです。

子どもたちは、るっぺのような要素をもっているものです。それが子どもです。それなのに「きまりを守るよい子」しか認められないのでは、子どもは表面上のよい子を装うことになります。

子どもが子どもとして育っていくための、わがままや問題行動を共感的に受けとめることで子どもは育ちます。しかし、教科書教材は、子どもたちの行動を共感的に受けとめることをしない展開です。子どもの心を傷つけます。また養育者も子どもも学校では受けとめてもらえないことで失望するでしょう。子どもを一つの人格として認める人権尊重の視点が大事です。

11　文学や児童文学の「道徳的読み」

児童文学や文学を教科書教材として扱っているものがあります。

文学はそれぞれがそれぞれの感性で読み、さまざまな感想があっていいはずなのですが、道徳の教材となると、どれも「道徳的読み」をすることになってしまいます。文学や児童文学の道徳的な読みを強要することは、間違いではないかということが結論です。そのことで、児童文学や文学を国語の教科書などで読むとき、文学的読みを阻害する原因にもなるのではないでしょうか。二重の問題を生じさせます。

昔の作品でもイソップやアンデルセンなど海外の児童文学も、日本の昔話や童話も、文学、お話として自由に読むことはあるでしょう。最近は豊かな児童書、絵本が増えました。それらを活用したら、子どもの心も豊かになるでしょう。しかしそれらの本を、道徳的読みしてしまったらどうなるでしょうか。

「夕鶴」という話があります。人間の喜びや欲や悲しみなど感じ取って読むことであれば納得できますが、「与兵はつうとの約束を守って覗かなかったらよかったね」というように「約束を守ろう」という平たい「道徳的読み」にしてしまったら、台無しです。

「花さき山」「かさこ地蔵」などは、児童文学ですが、ある徳目を教えることに使うことになってしまったらどうなるでしょうか。子どもたちの、それぞれの捉え方、感性、感想を受けとめることが豊かな文学的読みですが、価値項目に結び付けようとすれば、作品が色あせ、やせ細ってしまいます。ある時代の作品をその作者の意図とは関わりなく道徳的読みにすることは、作者の思いにも反し作者への冒涜にもなるのではないでしょうか。

「青の洞門」（菊池寛作）も「道徳的読み」をするのは大きな疑問です。青の洞門を黙々と作った人がいたのは事実です。そこに江戸時代の敵討ちの世界を入れ込み、敵討ちの部分を創作したのは著者の菊池寛です。文学作品としてはそれでよいのです。話としては面白いと思う人も多いでしょう。「文学」を味わうという読み方で十分です。それを教訓化し、敵であっても許し合うことが優しさと教えるのでしょうか。そんな読みは作品を歪め、子どもたちをも歪めることになります。

私たちの周りには、たくさんの優れた児童文学があります。それを読むことでさまざまな感想や刺激、楽しさを感じることは長い目でみたときに子どもらの考え、判断力、生きていく力になるでしょう。動物が登場する物語も、道徳的に教訓化して「道徳的読み」をしなければ、子どもたちの想像力や感性を豊かにすることができるでしょう。


やはり「道徳的読み」ということが、問題なのではないでしょうか。文科省が、大人や、教師が、自分の都合のよいように子どもたちを動かそうとするときに、例えとして使うのが「道徳的読み」です。「道徳的読み」とは徳目・教訓を教え込むことで、子どもたちが考えたり、疑問に思ったりする力を削いでしまいます。そして教材に書かれている徳目に結果を落とし込むことになります。どんな話でも、子どもたちの感じ方は違います。それを強制して、教師の回答を押し付けることは人権侵害でもあるのです。

文学作品を教材にしている以外にも、読み物は多くあります。それらを使い、「道徳的読み」をしない多様な思いや考えを受け止めあい、認め合う道徳をめざす必要があると思います。

ヨーロッパではすでに民主主義を教えることが道徳（道徳という言葉より、生きる上でのマナーや倫理という言い方をしています）です。小学校に入学する前までに獲得する力は、自分の気持ちを人に伝えること＝自分の意見をもつこと、人の話を聞き取ること、コミュニケーションができることが幼児教育の目的です。幼い頃から、そうした教育を進めることが、物事を考え判断し行動する人を育てることです。見習いたいことです。日本がいかに、化石化した教育を推し進めようとしているか、こうしたことからもよくわかります。

12　対話・協力・共同の視点

学習指導要領には「各学校において、児童に生きる力をはぐくむことを目的とし、創意工夫を生かした特色ある教育活動を展開する中で、基礎的・基本的な知識及び技能を確実に習得させ、これらを活用して課題を解決するために必要な思考力、判断力、表現力その他の能力をはぐくむとともに、主体的に学習に取り組む態度を養い、個性を生かす教育の充実に努めなければならない」（小学校学習指導要領・第一章・第一　教育課程の一般方針）とあります。

「課題を解決するために必要な思考力、判断力、表現力その他の能力をはぐくむとともに、主体的に学習に取り組む態度を養い、個性を生かす」ためには、子どもたちが考え、話し合い、相互の意見を尊重することが必要です。

しかし、今回の指導要領は、事細かく内容項目が示され、それを教えるようになっています。教える前から結論は決まっているのです。どんなに話し合っても、結論が元から決まっているのでは、考えたり話し合う意味がなくなっているのです。

判断力も、主体的に学習に取り組む態度も育まれるとは思えません。教師が求めている解答を子どもたちは感じ取り、それに合わせた発言をすることになってしまいます。すでに道徳の授業をすると、子どもたちは心得たように、教師が求める解答をするという話も聞きます。解答が教師の側にあるのでは、自分で判断したり、それぞれの個性を生かしたりことはできなくなります。

教育基本法でも述べている「民主的な国家の形成者」としての人々を育てることはできません。それが育てられないのが、道徳教科書教材の一番の問題点です。

きまりは大人が決めたから（「ぽんたとかんた」）、教師・学校が決めたから（「決まりじゃないか」）、神様が決めたから（「金のおの」「金の魚」）、監督が決めたから（「星野君の二塁打」）など、誰かの指示に従うことを教えようとしています。「なぜ、そうするのか？　本当にそれが正しいのか？」を考える授業でなければ「民主的な国家の形成者」は育ちません。例えば、「手品師」という教材を使って、「手品師の判断はよかったのだろうか」を考えてみることは、これからを生きていく子どもたちにとって、判断力、行動力、未来を拓いていく力になるのではないでしょうか。（第３章「手品師」１４８頁〜参照）

予定調和があり、先に結論が決まっていては、考えない人間を育ててしまいます。対話・話し合い、教師と子どもとが共に考え切り拓いていくことがどうしても必要です。私たちは、学ぶ価値もない話を山のように並べ、子どもに教えようとしている教科書を使って行う「特別の教科　道徳」の、従順な教え手になってはならないと思います。子どもたちに、うそと偏見を繰り返し刷り込むことになるからです。

そんな心配の多い教科書を使って教えなければならない時代が来てしまいました。その中でも、私たちは、「教材をしっかり分析し、科学的な目で指導すること」「自主教材に取り組むこと」「学級での毎日の指導の中で、子どもたちと対話、話し合い、協同を、学校生活全体を通して民主的な人間関係、対等平等な人間関係を育んでいくこと」をめざしていかなければなりません。

真実に基づく科学的な目をもち、自分の意見をもち、他者の意見を尊重し行動できる子どもたちに育てていくために、道徳教育のあり方、道徳の授業の内容・方法について考え続けていきましょう。

第3章

〝考え、議論する〟道徳の授業づくり

教科書教材を使って

小座野嘉子・村石麻衣子・今関和子

❶「かぼちゃのつる」の授業づくり（小学校・低学年）

わがままなの？

「かぼちゃのつる」は、かぼちゃがわがままを言い、すいか、犬、ミツバチ、蝶の忠告を聞かずにとうとう、道にはみ出し、車に引かれてしまうという話です。実に悲惨な結末の話なのです。

しかし、すいかやかぼちゃは農作物なので、野生のかぼちゃは存在しないのです。農家の人か、家庭菜園をしている人が種を蒔き育てているのです。したがって「かぼちゃのつる」のような話は起こりえないのです。「じぶんでできること」をさぼり、このような事件が起きたとすると、それは農家の人など育てている人が原因なのです。

「かぼちゃのつる」の話は、自然の摂理を覆して出来上がっている話です。かぼちゃのつるは自由に伸びるもので、犬は自由に歩いたり走ったりするもので、蝶もみつばちも自由に飛び回るものです。それなのにこの話では、かぼちゃだけにはその自由を与えないのです。「決められた範囲」で伸びなければ、きまりを守らないわがまま者だと擬人化して教えているのです。それもほかの動物・昆虫が批判するという形です。擬人化自体おかしいことが、実によくわかる教材です。話の展開も矛盾だらけです。

朝顔のつるは、ほかの植木鉢の支え棒にも絡み伸びていきます。つるを傷つけないように戻す作業は一年生の生活科では当たり前にすることです。朝顔に例えれば一年生もすぐにこのカラクリに気づくでしょう。

自分の範囲を守らない朝顔をわがままだから叱るなどということはありえないのです。「朝顔はつるは自由に伸びるのになぜ、かぼちゃはいけないの?」と問う子どもがいたらこの教材のおかしさに気づいたということです。

農作物は育てている人が世話をして成長させる。つるが伸びたら世話をするのは農家の人が世話をするので「かぼちゃのつる」が車に引かれたら農家の人の怠慢、わがままになのです。これが真実です。

作者はこうした矛盾に満ちた内容には気づかないのでしょう。おまけにきまりを守らないと車で轢かれるという悲惨な結末の話にしています。きまりを守らないと死ぬかもしれないぞと脅しているのです。教材として不適切ではないでしょうか。

動植物を擬人化するなら、かぼちゃだけでなく、犬にも、蝶にもみつばちにもそうすべきです。ある範囲で生きることを迫ることにすべきです。しかしこの話はかぼちゃに規制だけがあるのです。不公平です。ほかの動植物にもこのきまりを守らせると、犬も大好きな散歩にも行けず小屋に閉じ込められ、ミツバチや蝶も「ある囲まれた空間」を舞うことになり、蝶やみつばちは花の蜜も吸えないし、受粉もできません。「かぼちゃのつる」の話は、実は生物が生きていくことができなくなる話なのです。大変なことです。この話から道徳的読みをし「きまり」を教えるとはあまりに非科学的過ぎます。

東京書籍の一年生では「10. ぼくの　あさがお」を児童は前に学んでいます。あさがおを世話しているのはぼく=人間です。水をやりを忘れると萎れてしまいますから、毎日毎日あさがおのことを心配し、世話をしてとうとう、あさがおが咲いたという話です。また、東京書籍の教科書でなかったとしても、児童は実際に育てているあさがおのお世話の経験から、あさがおもかぼちゃも人が育てることを理解できます。

朝顔を育てている児童の経験から「かぼちゃ」を救う方法はないか考えてみてはどうでしょう。これを一つ目の指導の展開として考えました。

もう一つはあさがおを育てている経験を振り返りながら、かぼちゃは本当にわがままなのか考えるという展開を考えました。

授業展開①

単元名　「かぼちゃのつる」
価値項目　A―(3)　節度、節制
本時のねらい　わがままとはなにかを話し合うことを通して、自分の考えを深める

	学習活動（教師の発問T）	学習活動（児童の予想される発言C）	指導上の留意点
導入	Tみんなは、あさがおを育てているね。大変なことや、嬉しいことといろいろあるでしょ。教えて。 Tあさがおが伸びるようにお世話をしたんだね。	C毎日、お水をあげるのは大変。 C芽が出たときうれしかった C早く花が咲くといい C肥やしをあげるって知ったよ	

	T その時はどうした？ T これからもお世話、がんばろうね。「ぼくの　あさがお」という勉強もしたね。大事にお世話をしていきましょう。	C となりの人の鉢に、つるがからんじゃった。 C そっともとに戻して自分のつるに巻いてあげた C みんなの花が咲くといいね	●他にこのような題材のない教科書ではこの部分は使わない
展開	T では今日は「かぼちゃのつる」というお話を読みます。聴いてください。 教師が音読をする。 T みんな、このお話聞いてどう思った？	C かぼちゃ、かわいそう C かぼちゃはみんなの言うこときかなかったよ。	●かぼちゃはわがままという意見も、朝顔の経験からそれはちがうという意見も出るだろう。双方を尊重しながら進める
	かぼちゃはわがままなのか、意見を交換し合う		
	T みんながあさがおを育てたときはどうだった？ T このお話は、犬や蝶やみつばちやスイカが注意をしているけど、本当はお世話	C あさがおは何も言わないけど、私が気づいてお水をあげないとかれちゃう C うまくつるが伸びないときは僕たちが、つるを元に戻してあげるよ。	

	する人がすることだったんだね。 **T**そうだね。そうしたら車にひかれることはなかったね。 **T**どうしたらよかったんだろう？ **T**そうだね、ちゃんとお世話していれば、かぼちゃはのびのび成長したね。みんなのあさがおも大事に育てようね。	**C**お世話は僕たちの仕事だよ。 **C**車が通るところになんか植えなければいいんだよ。 **C**お世話する人が、怠けないで、手入れをしてあげればよかったんだよ。 **C**お世話する人が、さぼってしまうのは、わがままだよ。 **C**ちゃんとお世話すればよかったんだよ。 **C**お世話する人に教えてあげようよ	
終末	**T**では、最後に、かぼちゃを育てている人に、「お願い」の手紙を書こう。		

授業展開②

単元名　「かぼちゃのつる」
価値項目　A―(3)　節度、節制
本時のねらい　わがままとはなにかを話し合うことを通して、自分の考えを深める

	学習活動（教師の発問T）	学習活動（児童の予想される発言C）	指導上の留意点
導入	T みんなもあさがおを育てているよね。 朝顔育てていてどんなこと感じてる？	C 毎日お水あげて大変。 C でも芽が出てきて育ってきてかわいい。 C 早く花が咲くといいな。	●児童があさがおを育ててきたことを思い起させる
展開	T 大変なこともあるけど、育っていくのを見ると嬉しくなるよね。 さて、今日は「かぼちゃのつる」を読みます。 教師が音読する T どう思いましたか？	C かぼちゃはかわいそう	

T いろんな意見が出てきたね。

かぼちゃは本当にわがままなのか、みんなで考えよう

T みんなはわがままだって言われたことある？

C でもかぼちゃはわがままだったたから仕方ないよ

C あさがおのつるは伸びても、私は直してあげてるよ。お世話すればいいじゃない

C かぼちゃはきまりをまもらなかったんだからダメ、わがまま。

C じゃあ、私たちのあさがおはつるが隣の人に絡まったらわがままなの。私はそうは思わない。

C わがままでもいいけど、かぼちゃはわがままじゃないと育たないよ。朝顔だって自分の好きなようにのびているもの。

C うん、お母さんに遊んでから宿題しないから、わがままだって言われた。

C 僕も妹の分までおやつ食べて叱られた。でもお腹すいてたんだもん。

● かぼちゃはわがままに見えてもそれは植物として伸びようとしていることであり、成長するには、自由に伸びることが大事であることを押さえる。

	T わがままか、わがままじゃないかは難しいね。 T かぼちゃが育つには、自由にさせてあげないと育たないね。みんなもわがまま言うことがあるけど、わけがあるよね。わがままだって納得できることは、わがままをしないで行動できるよね。	C 僕は、僕が悪いんじゃないのにわがままだって叱られたことある。 C 今したいこととかあるものね。	
終末	T 今日はかぼちゃのつるの話を学びました。自分が思ったことを書きましょう。		

❷「はしのうえのおおかみ」の授業づくり（小学校・低学年）

しんせつってどういうこと？

「はしの上のおおかみ」は「道徳の指導資料とその利用」で出てくる話です。今までもよく授業され、今回はどの教科書にも載っている教材です。

しかし、この教材はまず、自然界の摂理を覆しているという点で非科学的です。動物のヒエラルキーは、「くま→おおかみ→きつねやたぬき→うさぎ」と食うものと食われるものがはっきりしています。ここではそれを「威厳のある寛容な強いくま」「強いのでいじわるなおおかみ」「弱いので困っているきつね、たねき、うさぎ」という形で登場させています。

自然の摂理を人間が勝手に利用した話、擬人化の典型的な問題をこの話も抱えています。

自然界の動物は単に自然界の中での食うか食われるかというヒエラルキーがあるだけで、意思があるわけではありません。それをまるで意思があるかのように巧みに使い、おおかみを悪者にしてやさしさを教えようとしていることは、非科学的であり矛盾があります。

話の筋は、おおかみがいじわるをしていたけれど、自分より身体の大きいくまが、いじわるな態度ではなく紳士的におおかみに対したことで、おおかみは心を入れ替えたということなのですが、本当におおかみは改心したのでしょうか。自分より大きいくまには勝てないおおかみは、くまの行動を真似、自分より弱い動物にやさしくした方が気分がいいことに気づいたのでしょうが、強いくま（権威ある存在）のことは認めているものの、おおかみが「うさぎたちに悪いことをした」とは考えていません。ですからこの話にはうさぎたちの言葉が出てきません。おおかみの一方的な言動しかありません。おおかみが悪いことをしたと改心したらうさぎたちに謝るでしょうが、まったくそうした発想はありません。相手のことを考え悪かったと思っていないから、自分の考えで勝手に、一本橋の上で、うさぎの合意も得ず抱き上げるのです。突然抱き上げられたうさぎはどうだったでしょうか。恐ろしかったでしょう。川に落とされるのではないかと怯えたでしょう。

つまり、一方の立場で、他方（相手）の承諾を得ないで行動していることを、親切と言えるのか、相手に謝ることが必要ではないかということです。合意をとり折り合うという視点は、強者の論理の中にはないのです。強者の都合で、物事が動いているわけです。これは親切ではないのです。押し付けです。

そうした視点を分析的にもち、「しんせつとはどういうことなのか」という課題で授業をしてみることができます。授業展開①では、「おおかみは本当に親切になったのか」というテーマで展開しています。

また、権威のあるものの審判によって決めるということは、実は当事者同士の根本問題は解決していないということです。

うさぎも、きつねも、たぬきも突然やさしそうになったおおかみを信頼しているでしょうか。恐らくいつまた、機嫌が悪くなるのか、びくびくしているでしょう。様子をうかがいながら暮らすようでは、何の問題も解決していないのです。おおかみのご機嫌次第なのですから。

子どもたちだったらどうするでしょうか。こうした一方的な関係（ボスがいるということ）ではなく、本当に親切や思いやりをもつには相互理解が不可欠です。

子どもたちはトラブルがあったとき、事情がわかったら、謝ってもらう、謝るということを日常の生活でしています。子どもたちが「一本橋をみんなで上手に使うにはどうしたらよいだろう」というテーマで、話し合うこともできます。子どもの実態によって違ってきますが、みんなでこの事態をどう考えるのかそれぞれの役になって話し合うとすると、例えば

うさぎ　「おおかみの行動はおかしいよ」
おおかみ「なんで？」
うさぎ「みんなの一本橋なのに、おおかみはなぜ、通せんぼをしたの？」
おおかみ「通せんぼするのと、みんなが怖がるから偉くなったみたいで面白かったんだ」
うさぎ「おおかみは友だちが欲しかったの？」
おおかみ「うん、そうかもしれない」
うさぎ「でも、怖がらせたり、脅したりしても友だちはできないよ」
おおかみ「そうか、じゃあ、これからは脅したりしないようにしよう」
うさぎ「そう、いばったり脅かさない方が、仲良くなれるよ」
きつね「でも、くまさんはなんでおおかみに脅されている僕たちを助けてくれなかったの？」
くま「おおかみがやさしくなればいいとおもったんだよ」
きつね「ぼくらは、いつおおかみの機嫌が悪くなるかびくびくしていたよ」

くま「そうか、ちゃんと口でだめだよって言わないとわかんないんだね」

きつね「そう僕たちにもそういうこと教えてほしいし、みんなの一本橋なんだからみんなで約束をきめようよ」

くま「なるほど、今度からそうしよう」

こんな話し合いができるかもしれません。ともかく児童が、それぞれ当事者としての思いや考えを表明することが大事です。

そこで、授業展開②では子どもたちが、それぞれの立場で話し合う授業を考えました。この場合、まだ一年生の子ですから言葉が不十分な子どももいます。うさぎグループなどと、チームにして自分たちの言いたいことを考えると進めやすいと思います。

このような展開は日々、子どもたちが「決まりはみんなで決めるもの」という認識をもっていなければできませんが、「みんなのことはみんなで決める」という主権者意識を学校教育の中で育むことの大切さを「はしの上のおおかみ」から感じます。

対等平等な話し合い、くまもおおかみも、うさぎも、お互いを尊重し合う関係ができれば物事は解決するのです。こんな展開もできるでしょう。

授業展開①

単元名　「はしのうえのおおかみ」

価値項目　B—(6)　親切、思いやり

本時のねらい　親切とは何か話し合うことを通して、自分の考えを深める。

	学習活動（教師の発問T）	学習活動（児童の予想される発言C）	指導上の留意点
導入	T今日は「はしのうえのおおかみ」という話を先生が読みます。		●表現読みにならないように淡々と読む。
展開	T今日のめあてはなんだと思う?	Cやさしさかなあ C親切かな?	
	Tそのとおり。（黒板にめあてを書く）		
	しんせつについてかんがえよう		
	Tおおかみは何でうさぎを抱き上げて、そっとおろしてやったのかな。初めはう	Cくまがやさしくおおかみを抱っこして通してあげたから。	

さぎをとおさせなかったんでしょ?

T みんなはこのおおかみのことをどう思う?

C 反省したんだから偉い。

C でもくまが抱っこしてあげなかったらおおかみはずっとうさぎに意地悪をしてたかも。

C そしてうさぎに親切にしないかも。

● できるだけいろいろな意見が出るように自由に話させる。

T そういうこともあるかもしれないね。もし抱っこしてくれたのがくまでなくてべつのおおかみやいのししだったらどうかな?

C 抱っこされる前にけんかになる。

C 勝手に抱っこするなよっていう。

● 自分の経験や気持ちを話しさせる。

T どうしていのししだとだめでくまだといいの?

C くまは強くて大きいから。

T 正直だね。じゃあ強いものや大きいもののことは認めて真似したりするけど、弱いもののことは、いじめることもあるんだ。

C ぼくもやっぱり強い友だちの前では言うことを聞いちゃって、後でちょっと違うなって思うときがある。

C くまが強いからっていうことをきくのも、なんかへんだね。

● 児童が自分の思いを話せるように共感しながら聞く。

T そうだね。強い人のまねしていいことしたとして、それは親切っていうかな?

C ほんとの親切じゃないかもね。

	T そのとおりだね。みんなは誰にでも親切にできる?	C 誰にでも同じようにしたら親切っていうかもね。 C 好きな人や自分に優しくしてくれる人には親切にしようと思うよ。	
終末	T 今日はみんなのいろいろな思いを話してもらえてよかったです。		

授業展開②

単元名　「はしのうえのおおかみ」

価値項目　B―(6)　親切、思いやり

本時のねらい　親切とは何か話し合うことを通して、自分の考えを深める。

	学習活動（教師の発問T）	学習活動（児童の予想される発言C）	指導上の留意点
導入	T 今日は「はしのうえのおおかみ」という話を先生が読みます。		

展開

教師が範読する。

T お話を読んでどう思いましたか?

T みなさんがうさぎだったらどう思ったでしょう? うさぎが抱き上げられた時の気持ちをやってみましょう。

教師がうさぎ役の子を突然抱き上げる。

T どうでしたか? この時、うさぎはどんな気持ちだったでしょう。

T そうだね、うさぎは突然抱き上げられてびっくりしたろうね。

> ほんとうにしんせつになるには、どうしたらいいのかな

T どうしたら、うさぎは怖い思いをしなくすんだのかな?

C おおかみがやさしくなってよかった。

C ほっとしたよ。

C 怖いおおかみに出くわしたのでびっくりしている。

C 何をされるかと不安な気持ち。

C ぶるぶる震えていたと思う。

C 先生だから安心してたけどちょっと怖かったよ。

C そうだよね。最初に言ってくれないと、怖いよ。

C いつも意地悪なおおかみなんだから、川に落とされるかと思うよ、嫌だよ。

C もう怖くないおおかみだって知らせてほしいよ。

● うさぎになりたい子を選び、おおかみと出会ったときのうさぎの気持ちを確認する。

● 少し高くなった細い棒(例えば跳び箱の調節版など危険のない程度のちょっとして段差の橋のようなものを用意する)の上で教師が、うさぎになりたい子を突然抱き上げる

	T うさぎやきつね、たぬきの気持ちを発表してみよう。 T うさぎたちは本当はどうしてほしかったのかな? T おおかみはどうすればよかったのだろう? T 親切になるには、相手の気持ちを考えることや伝えること、話し合うことが大事だね。みんなも悪かったなって思ったとき謝るものね。	C 今までいじわるなおおかみに抱きかかえられたら、絶対いや。怖い。 C 「今まではごめんね」って謝ってから抱き上げて欲しいよ。 C それでも怖いんじゃない。本当にやさしくなったのか、わからないじゃない。 C うそかもしれないと思うよ。 C 言いたいことが言えてよかった。おおかみは勝手に抱き上げたりしないでほしいね。 C おおかみに謝ってほしいよね。 C 「今までいじわるしてごめんね」っとうさぎたちに謝ってから抱き上げてくれればいい。 C そしたら、本当にやさしくなったのかわかるよ。	●児童にうさぎなどの弱者の気持ちを考えさせる。
終末	T では、今日勉強して思ったことを書きましょう。		

❸「金のおの」の授業づくり（小学校・低学年）

「正直」って？

イソップの寓話「金のおの」（「金のおの・銀のおの」）は、典型的な教訓話です。正直に生きるとよいことが起きる。欲をかいてうそをつくととんでもない不幸が訪れるぞという戒める、よくある教訓話です。この話も正直もののきこりと欲張りでうそつきなきこりが登場し、うそをついたきこりは自分の仕事道具の斧もなくしてしまいます。神様もひどい仕打ちをすると思いませんか？　せめてこれからはしっかり働くように、斧はきこりに返してあげれば改心できるかもしれないのです。が、斧もなくしてしまうことが、教訓話だとしたら、この酷い仕打ちではうそつきなきこりは立ち直れません。また、金の斧と銀の斧をもらったきこりは、その斧をどうするのでしょうか？　持っていたとて、きこりの仕事には役に立ちません。斧を売ってお金持ちになり、もうきこりはやめて優雅に暮らすのでしょうか。

金、銀が高価なもので多くの人が欲しがるのは、それが手に入れば今の貧しい暮らしから解放されるからです。だとするとこの話に出てくる正直なきこりはきこりを廃業して優雅に暮らすのでなければ、金や銀の斧をもらっても何の意味もありません。欲張ったきこりは、きこりの仕事もできなくなってどうなるのでしょう。

昔話の中で出てくる「うそ」は、貧乏な暮らしをしているうそつきの人が多く登場します。なぜうそをつくのはかっきりしています。「貧しさから救われたい」からです。が、貧しさゆえに心も貧しくなってしまい、

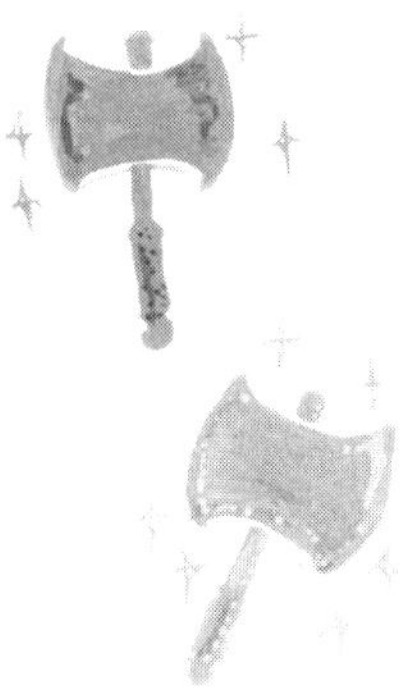

思わず欲を出してうそをつくのです。「日々の生活の貧しさ」が「心の貧しさ」を生んでいるわけです。だとすると、うその根本的な原因は働いても、少しも暮らしが楽にならない社会に問題があるわけです。

お金のある人ほどうそつきであることは、みんなよく知っている事実です。子どもたちだってうっすら気づいているだろうに、この話はあまりにも現実とかけ離れています。

もう一つは、人は「嘘はいけない」「正直にする」とは日々の生活の中でそう単純には言えないということです。夕飯が美味しくなくても「美味しい？」と聞かれたら作った人の気持ちを考え「うん、美味しいよ」ということはよくあります。「うそも方便」ということわざもあります。またうそをついた方がいい場面もあります。例えばがんの告知等…。

正直とうそをこの話のように、単純に、そして、うそをついたら大変なことになると脅すように教えることなく、「正直ってなんだろうか？」「うそをつくときはどんな時か」など生活の中に広げ、広いものの見方ができるように指導案を考えてみました。

授業展開

単元名　「金のおの」

価値項目　A―(2)　正直、誠実

本時のねらい　正直とは何か話し合うことを通して、自分の考えを深める。

	学習活動（教師の発問T）	学習活動（児童の予想される発言C）	指導上の留意点
導入	T 今日は先生が「きんのおの」を読みます。		●表現読みにならないように淡々と読む。
展開	T きょうのめあてはなんでしょう。 T そのとおり 正直について考えよう	C うそをつかない？ C 正直かな？	●黒板にめあてを書く。
	T ひとりのきこりは？ T なぜだと思う？ T もうひとりは？ T 正直だといつも得する？ T どんな時に得しないって思った？ T そういうときもあるよね。大人だっていつも正直で偉いねとほめてくれることばかりではないね。友だちとか家族に嘘をついたことはある？ そのときどんな気持ちがした？	C 神様から斧を二つもらった。 C 正直に言ったから得した。 C 自分の斧までなくした。 C 得しないときもある。 C お皿壊して本当のことを言ったらお母さんに怒られた。 C 遊ぶ約束したけど遊ぶ気分じゃなくて用があるといって遊ばなかったら、ばれて「うそつき」っていわれてけんかになった。悲しかった。	●お互いの経験を話し合う。

	Tそれは辛かったね。先生も小さいときそういうことがあったよ。 Tでも嘘をつかなきゃならないときもあるよね。どういうとき？ Tほかには？　ついてもいい嘘ってにない？	Cお釣りをごまかしてばれて怒られた。ばれるまでドキドキした。 C仲のいい友だちに「この服にあう？」と聞かれてへんだと思ったけど「似合うよ」といったら嬉しそうだった。 Cお母さんが一生懸命ご飯やおかずを作ってくれるとき、まずくても「おいしい」っていう。	●教師自身の共感した気持ちや体験を話す。
終末	T人を思いやったり傷つけたくなかったりするときのうそはありですよね。今日はいろいろ話してくれたので良かったです。		

❹「きまりじゃないか」「雨のバス停留所で」の授業づくり（小学校・中学年）

だれのための規則？

● きまりじゃないか

「きまりじゃないか」では、ただ「きまりだから守らなければならない」と言う裕一の言葉が気にかかります。なぜ、このきまりを守らなければならないのかという話はなく、「きまりを守ってよかったね」という結末です。これでは、子どもたちは、ただきまりは守ればいいんだと建て前だけを考えることになってしまいます。

ここでは、だれのためにきまりがあるのかを話し合う必要があると思います。きまりはみんながよりよく過ごすためにあり、みんなでつくっていくものだという意識を育てることが大事だと思います。

「きまりなのだから守ろう」という展開と結末は、この教材に限ったことではなく、「黄色いベンチ」「ぽんたとかんた」「星野君の二塁打」などほかにもあります。きまりは守るものだと決まっていて、大人が決めたり、学校が決めてあり、その「きまりなのだから守らないといけない」という展開になっています。そして、きまりを守る子が「よい子」とされるのです。

なぜ、それは問題なのでしょう。それは子どもが自分自身で「どうなのだろう？　本当にそうなのだろうか？」と考える力、自分で判断する力を削いでしまうからです。

考える前に子どもたちは「先生が求めている正解はなんだろう?」と自分の考えではなく、先生に合わせて評価されることを期待するようになってしまうのです。「道徳の時間は先生が求めている答えを探し答えている」という実態がすでに小学校の子どもたちの姿から見えると言われるようになりました。子どもから私たち大人も、授業の中で教師に合わせてしまうことは自分たちの経験からよくわかります。これは教師の思いに沿うだけの問題にとどまりません。権威ある者・力のある者に、ひたすら従う人間をつくり出していくのです。大変な問題です。正しくなくても納得しなくても、言われてことには従う人間づくりが着々と進められてきたわけです。恐ろしいことです。

道徳教材で「きまりの押し付け」が出てきたら、そこで出てきた「きまり」は誰のためのきまりか、そしてそのきまりは果たして本当に正しいのかを考える授業展開が必要です。

授業をする前に「誰のためのきまりになっているか」「誰が何のためにつくり出し、決めたきまりか」を教師は分析し考えることです。そして授業を通して、このきまりでよいのかどうかを子どもたちと共に検討し考え、納得できる授業展開をしていくことです。

きまりについての教材は「みんなで決める」という民主主義の根幹である思想が、そこにあることを忘れてはならないでしょう。

●雨のバス停留所で

「雨のバス停留所で」では、まだ、世間のルールを知らない子どもであるよし子さんにお母さんは、とても厳しい対応をしています。それはなぜでしょう。

現在も電車の中で、こんなふうに子どもを叱っている母親を見かけることがあります。なぜそんなキツい言い方をするのか、子どもに邪険な態度をするのかと思うことがありますが、これは母親が当然しなければいけない「しつけ」をしなかったために公衆に面前で恥をかいたという意識が母親にあるからでしょう。母親も責任重大な重荷を背負っています。なにもバスの乗り方を知らなかったとしても、そんなに責任を感じることはないのですが、世の中は「子育て自己責任」です。しつけは母親がしっかりするものとして意識されているのです。ですから周りの人々も「子どもなんだから、きまりを知らないこともあるから大丈夫ですよ」という視線がないからでしょう。せめて、粗相をした子どもに厳しく当たることで母親の面目を果たしたかったのでしょう。問題はよし子さんにあるのではないことがよくわかります。よし子さんは雨の日のバスの並び方を知らなかったのですから「先に待っている人たちがいるから、順番に並びましょう」と言えばすむことなのです。

このような子育て自己責任の社会で母親がしつけの責任を負い、自分の子育てを恥じている「雨のバス停留所で」は、教材としてよいとはとても言い難いものであることがわかります。

この教材の時代の古さ（今はほとんどバス・ストップのところに屋根が付いています。この設定自体が古すぎます。昔のバス停留所や軒の説明をしないと子どもたちには意味がわからないかもしれません。なのになぜ、この教材でなければならないのでしょう）、子どもを親だけでなく、地域の大人たちが見守りながら育てていく視線、思想をこの教材の授業をするにあたって考えていけば、子どもたちも納得できる授業になるでしょう。きまりを守らないと痛い目にあうと教え込む「道徳科」の教科書の誤りがよく見える教材です。

本来きまりは、自分たちの生活をよりよくするためにみんなで話し合って作ったり、作り替えたりしていくもので、その過程を通して市民道徳を身に付けていくものではないでしょうか。

ここでは、人々が助け合い、支え合うためのものとしてきまりをとらえさせたいと思います。

授業展開①

単元名　「きまりじゃないか」（3年）

価値項目　C―(11)　規則の尊重

本時のねらい　みんなが過ごしやすくするために、きまりはどうあるべきかを話し合い、自分の考えを深める。

	学習活動（教師の発問T）	学習活動（児童の予想される発言C）	指導上の留意点
導入	T雨の日は校庭で遊べますか？ Tでは、雨がやんだらどうですか？	C遊べないよ。だって、びしょびしょに濡れちゃったら、風邪引いちゃうかもしれないから。 C遊べない。校庭もぐちゃぐちゃになっちゃうしね。 C校庭で遊べるね。 C雨がやんでも、まだ校庭がぬかるんでいるから、教室で遊ぶよ。 Cぬかるんでいるところにいかなければ遊べるんじゃないかな。	●いろいろな判断があることを尊重する。

	T 校庭の状況を見て自分たちで判断することができるね。		
展開	教師が範読する。 T この話を読んで、どう思いましたか？ きまりについて考えよう	C 雨がやんでいるのだから、校庭で遊んでもいいと思うよ。 C 雨がやんで遊べるのに、遊びボードが赤だからというだけで、ダメだというのはおかしい。 C 先生たちがなおし忘れているということもあるよ。先生たち忙しいからね。校庭で遊べるか教員室に行って聞いてみるといいよ。	●「きまりじゃないか」と言う裕一の行動について考えさせる。
終末	T きまりは誰のためにあるんだろうね？ T みんなが生活しやすくなるために、きまりはあるんだね。自分たちに合わないきまりがあったら、変えていこうね。	C 自分たちのためにある。 C みんなが生活しやすくするためにあると思う。	●この後、校内のきまりについて話し合ってもいい。

授業展開②

単元名　「雨のバス停留所で」（４年）

価値項目　C―(11)　規則の尊重

本時のねらい　人々が助け合い、支え合って生きていくためにきまりがあるということを知り、助け合い、支え合っていくためには、どんなきまりがあったらいいかを考えることができる。

	学習活動（教師の発問T）	学習活動（児童の予想される発言C）	指導上の留意点
導入	Tバスや電車などの乗り物に乗るときのルールやきまりには、どんなものがありますか。なぜ、そのようなきまりがあるのでしょうか。	C降りる人が先で、乗る人が後になるよ。そうしないと、降りる人が降りれなくなるからね。 C車内では、静かにしましょうって言われるよ。そうしないと、まわりの人に迷惑がかかるから。 Cちゃんとつめて７人掛けの所は７人座れるようにするよ。座りたい人はたくさんいるからね。	

展開

T今からお話を読みます。どんなきまりがあったのか考えましょう。

みんなが気持ちよく暮らすためには、どうしたらいいだろう

教師が範読する。

Tどんなきまりがあるかわかりましたか。

Cバスに乗るときは、来た順に乗るっていうことかな。

Tよし子さんは来た順に乗るというきまりを知っていたかな。

Cそれは知っていたけど、ちゃんと並んでいないんだから、わからなかったんじゃないかな。

Tよし子さんはどうすればよかったかな。

C「並んでいますか?」って聞けばよかった。

Tでは、よし子さんに何と言って教えてあげたらいいでしょう。

Cよし子さんは後から来たんだから、もう少し後に乗ろうよって言う。

C譲り合いでいきましょう。

C順番、順番。

	終末
T 電車やバスに乗るときに、どんなきまりがあるといいと思いますか。	T みんなが助け合って気持ちよく暮らすために、いろいろなきまりがあるんだね。
C やっぱり、来た順がいいと思うな。 C でも、お年寄りや体の不自由な人が先に乗るっていうきまりもあるといいな。 C 雨がひどくて順番に並べない時って、譲り合って乗るっていうのもありじゃないかな。	
	●他の国のきまりも紹介すると、きまりは決まっているものではないという意識が高まるだろう。

❺「しあわせの王子」と「よわむし太郎」の授業づくり（小学校・中学年）

自己責任、自己犠牲の精神を育てる？

「よわむし太郎」「しあわせの王子」「花さき山」には、共通のねらいがあります。それは、「命を犠牲にすることを勇気あること、美しいことと感じさせる」というねらいです。

「よわむし太郎」は「子どもたちが大切にしている白い鳥を、との様が射止めようとしたときにとの様の前に立ちはだかって、白い鳥を守った太郎の行動を通して、本当の勇気とはどのようなことかを考える」（私たちの道徳3、4年　文科省）となっています。「しあわせの王子」は「己を顧みず、人のために尽くした行為に「美しいもの」があり、「気高さや清らかさを見ることができる」（東京書籍）という解説がついています。「花さき山」は六社で掲載されていますが、学図だけは、「花ばかりではねえ、この山だって八郎っていう山男が、八郎潟にしずんで、高波をふせいで村を守った時に生まれた。あっちの山は、三コっていう大男が、山火事になったオイダラ山サかぶさって、村や林がもえるのをふせいでやけ死んだ時にできたのだ。命をかけてすれば、山が生まれる。うそではない。本当のことだー。」が掲載されていて薄気味悪いものを感じます。

命を捨ててまで何かを守ることを美しいと感じさせる、これは本当に怖ろしいことです。戦前の「お国のために命を捨てろ」という『教育勅語』の考えを復活させたいというねらいが見え隠れしています（時を一にして、「教育勅語にも、いいところがある」と閣僚が言っているのですから、黙って見過ごすわけにはいきません）。

私たち教師は、いじめや体罰、災害から子どもたちの命を守ることを特段の義務として日々の教育活動に取り組み、子どもたちにも命の大切さを教えてきました。それが、「何かを守るためには自分の命を省みないことが美しいことだ」などと、どうして言えるでしょうか。しかし、『戦争する国づくり』をすすめる安倍教育再生による今回の道徳の「教科化」には、そのねらいが大きく横たわっていることを見逃すわけにはいきません。

これらの教材をもし扱うときには、登場人物に思いを重ねるのではなく、あくまでも客観的に物語をとらえた話し合いにすること。そして、必ず最後に「命を犠牲にするってどういうことですか。それをどう思いますか」と問いかけ、絶対に命を粗末にするようなことがあってはならないことを入れていく必要があると思います。「読み聞かせ」として読んでおしまいにするのもありかと思います。

授業展開①

単元名　「しあわせの王子」（3、4年）

価値項目　D―⒇　感動、畏敬の念

本時のねらい　本当の優しさとは何かを話し合うことを通して自分の考えを深める。

	学習活動（教師の発問T）	学習活動（児童の予想される発言C）	指導上の留意点
導入	Tどんなときに「この人は優しいな」と感じることがありますか？	C忘れ物をしたら、貸してくれたとき。 C私が迷子になったときに、一緒にお母さんを探してくれた人がいて、優しいと思ったよ。 Cお姉ちゃんが、好きなお菓子を私に多く分けてくれたとき、優しいなと思いました。	
展開	教師が範読する。 今日の学習のめあてを確認する。 やさしさって何だろう。 Tこのお話を読んで思ったことは何ですか？	Cこまっている人達を助けようとして王子は優しいと思う。 Cつばめは寒いのに、王子のために飛び回っていてえらいな。 C助けてもらった人達は、きっと助けてくれてありがとうっていう気持ちだと思う。 Cでも、最後に王子もつばめも死んでしまうなんてかわいそう。 Cいいことをしたんだから、何も死ななく	●全文を読み、子どもたちの心に残ったことを話し合う。

	T 王子とつばめは優しいと思うんだね。でも、死んでしまってはかわいそうだよね。つばめは、どうしたらよかっただろう。 T そうだね。みんなしあわせになれるように考えたいね。	たっていいのに、どうしてこういうお話を作ったんだろう… C もうやめようって王子に頼む。 C だれかに助けを求めたらよかったのに。 C もっとちがう方法はないのかな。	
終末	T 今日の学習で、思ったことを感じたことを発表し合いましょう。	C いくら人のためと言ったって、死ぬまでやるのは、やり過ぎだ。 C 自分が苦しんでまでも優しくしようなんて、本当の優しさじゃないと思うな。 C みんなが幸せになる方法をもっとよく考えた方がよかったと思うよ。 C 人の命も自分の命も大事にするのが本当の優しさだと思う。	● 発表したり書いたりする。

授業展開②

単元名　「よわむし太郎」（3、4年）

価値項目　A―(1)　善悪の判断、自律、自由と責任

本時のねらい　本当の勇気とは何かを話し合うことを通して自分の考えを深める。

	学習活動（教師の発問T）	学習活動（児童の予想される発言C）	指導上の留意点
導入	教師が範読する。		●との様が白い鳥を射止めようとする場面までを読む。
展開	Tここまでを読んで、感じたことを出し合いましょう。	C子どもたちに馬鹿にされているのににこにこ笑っていて、優しいな。 C子どもたちももっと太郎に優しくしてあげればいいのに。 Cなんでよわむし太郎って呼ばれているのかな。	

T では、この続きを読みます。

教師が範読する。

太郎のとった行動について考えよう。

T 太郎のとった行動についてどう思いますか。

T 太郎や子どもたちは、どうしたらよかっただろう。

T 家族や友だちだったら、太郎の取った行動をどう思うかな？

C 子どもたちが大事にしている白い鳥を捕まえるなんてひどいとの様だ。

C 白い鳥を守ろうとしてやさしいな。

C でも、との様に殺されるかもしれないのに立ちはだかるなんて現実的ではないな。

C 相手が武器を持っているときに止めようとするのはあぶないよ。

C 太郎の優しさに気づいた子どもたちは太郎を守ってあげたらいい。

C でも、殺されちゃうかもしれないよ。

C 何か大きな音を出してみんなで鳥を逃がすとかしたらよかったんじゃないかな。

C 血の気が引いて倒れるくらい驚く。

C 泣いちゃったと思う。

C 危ない、やめて！

● との様の前に立ちはだかって白い鳥を守ろうとした太郎の行動について話し合う。

		終末
		T 本当の勇気ってなんだろうね。 T 自分の命を大切にすることが大事ですね。
	C どうして命を粗末にするのかって怒るかもしれない。	C 自分のことも大事にしないと本当の勇気って言えないよ。 C だれかが悪いことをしているのを止めることは大事だけど、どうやったら止められるか考えて止められること。

❻「将来の夢」と「いつかにじをかける」の授業づくり（小学校・中学年）

夢をどう育てる？

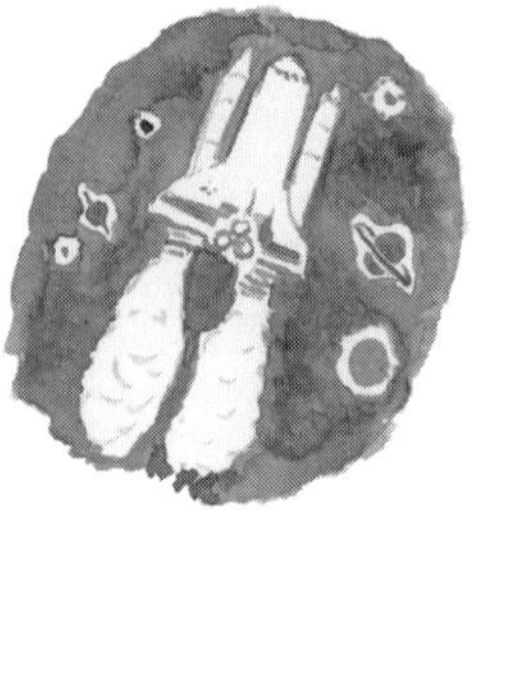

誰でも伝記を読んで、「この人はすごいな」「こんな生き方をしてみたいな」と考えたことはあるでしょう。しかし、それは人それぞれ違うものです。「伝記を読むと、いろいろな生き方に触れることができます。それぞれの人々が、どんなことに悩んで、どのように自分を伸ばしていったかを本から学ぶことができます」（学図）というなら、その人の一片だけを切り取って、あるべき姿を教え込むのは絶対に慎まなければならないと思います。そして、「この人はすごいから、いい所を真似しなさい」などと言ってしまったら、子どもたちも引いてしまうでしょう。それは戦前の「木口小兵は、死んでもラッパを離しませんでした」という修身になりかねません。

また、どの道徳教科書にもオリンピック、パラリンピックなどで活躍した人物の成功物語が多用され、とにかくがんばれという精神を強調しています。

伝記や偉人伝では、「先生は、この人のこういうところがいいと思うよ。みんなもいろいろな本（伝記）を読んで、この人はいいなと思う人を見つけられるといいですね。」と言って、紹介し合う。または、「この人はこんなことを言っていますが、皆さんはそれについてどう思いますか」と言って話し合うなど、人物の考えや生き方を子どもとともに考える授業にしたいものです。道徳教科書に出てくる人物はあくまでも入り口として、一人にのめりこまない方がよいのではないでしょうか。

授業展開①

単元名　「将来の夢」～読み物コラム「生き方に学ぼう」向井千秋（学図4年）より

内容項目　A－(5)　希望と勇気、努力と強い意志

本時のねらい　将来の夢を性別にとらわれずに考える。

	学習活動（教師の発問T）	学習活動（児童の予想される発言C）	指導上の留意点
導入	T「あなたは大きくなったら、何になりたいですか？」	自分がなりたいと思うものを紹介する。 サッカー選手、プロ野球選手、警察官、大工、サラリーマン、医者、弁護士…**（男子）** 保育士、看護師、先生、キャビンアテンダント、ピアノの先生…**（女子）**	●「1／2成人式」などに絡めてこれまでの成長、二次性徴の学習のまとめとして行うとよい。

展開	自分がなりたいものを考えよう **T** 黒板に書かれた物を見てどう思いますか？ **T** これを男女反対にしたら、どう思いますか？ 教科書143ページの向井千秋さんの文章を読む。 **T** みなさんは向井さんの生き方をどう思いますか。	**C** 男の子の夢は、体を使うものが多い。 **C** 難しい仕事が多いみたい。 **C** 女の子の仕事は人にかかわるものが多いね。 **C** なんか優しい感じがする。 **C** えー、なんかおかしいよ。 **C** 男の人がキャビンアテンダントするなんておかしいね。 **C** でも、男の人で保育士の人いるよ **C** 女の人のサッカー選手も活躍してるね。 **C** 男の人がピアノの先生でも、女の人が大工さんでもおかしくないんだね。 **C** 将来の夢は男でも女でも何でもいいと思いました。 **C** 私もサッカーを習っているから、将来サッカー選手になれたらいいなと思います。	●出された将来の夢を黒板に男女別に貼っていく。 ●「わたしは誰でしょう」形式でその夢を書いた人は誰かを推理させても楽しい。 ●男女のプレートを取り替える。 ●一つ一つ写真や例を挙げ、女の人も男の人も同じ仕事に就いていることを確認させる。

終末
Ｔ この人はこうもいっています。「わたしが何かをやりたいと思ったとき、女性だからできないと思ったことはなかった。自分が何をやりたいかを考えたとき、こうなった。」 みなさんも自分がやりたいことに向かって生きていきましょう。今日、学んだことをまとめて書きましょう。
●子どもたちが書いた感想を学級通信などに載せ、家庭にも広げていくことが大切。

授業展開②

単元名　「いつかにじをかける」～高橋尚子選手の走ってきた道（東書4年）より

価値項目　A―(5)　希望と勇気、努力と強い意志

本時のねらい　自分のもつ夢に向かって頑張ろうという心情を育てる。

	学習活動（教師の発問T）	学習活動（児童の予想される発言C）	指導上の留意点
導入	T みなさんはオリンピックのことを知っていますか？どんな競技がありますか？どんな選手がいたか知っていますか？	C 知ってるよ。 C 水泳、トライアスロン、ソフトボール…。 C 北島浩介、ボルト選手…。	●オリ・パラや選手の写真を見せる。
展開	T 今日はマラソンの高橋尚子選手について書いてあるものを読んでみましょう。 教科書を範読する。 高橋尚子選手の生き方から考えよう T 読んで心に残ったことはなんですか？	C 高橋選手は、最初からマラソンが得意なわけじゃなかったんだなと思いました。	

	終末
T 高橋選手は、この後どうなったと思いますか？ T メダルを取ることはできませんでしたが、「走ることが大好きだから」と言って、さまざまな大会に出たり、ボランティア活動をしたりしています。	T みなさんは、高橋尚子選手の生き方を聞いてどう思いましたか？
C 小出監督の言葉に励まされて高橋選手はがんばれていたから小出監督はすごい監督だなと思いました。 C オリンピックで金メダルを取った人も、最初から強いんじゃなくて、人の3倍やって人並み以上になるんだなと思いました。 C たくさん金メダルを取った。 C マラソン選手をやめちゃったかも。 C メダルを取るだけが夢じゃないんだね。 C メダルを取れなくても、選手を育てている人もいるよね。	C メダルを取ることだけが目標じゃなくていいんだと思う。 C 私もピアノを習っています。なかなかうまくならないかもしれないけど、好きだからこれからも続けていきたいと思います。
●高橋選手が頑張って来れた理由を見付けられるようにする。（小出監督との繋がり、高橋選手の気持ちや考え方など） ●自分の例やまわりの人の生き方などを、あげながら話し合う。	

❼「手品師」の授業づくり（小学校・高学年）

本当の誠実さとは？

「手品師」は「小学校道徳の指導資料とその利用」に登場してきた教材で、今回はすべての教科書に掲載されています。

あらすじは、その日のパンにも困る貧乏な手品師が、男の子に出会います。その子は父が死んだあと、母が仕事に行ってしまい帰ってこないので、道にしょんぼりとしゃがみこんでいたのです。手品師は、その男の子をかわいそうに思い、元気を出させようと手品をしてあげます。男の子はすっかり明るくなって「おじさん、あしたも来てくれる」とたのみます。手品師はどうせひまなので「ああ、来るとも」と答えたのですところがその夜、仲のよい友人から大劇場で手品をしていた手品師が急病にたおれ、今日手術をしなくてはならなくなったので、代役に手品師を推薦したというのです。友人はすぐに来るように手品師に電話をしたのです。売れない貧しい手品師が、大きなステージに立てるチャンスになるかもしれないので、すぐ来るように友人は誘いました。

しかし手品師は友人の誘いを断り、男の子との約束を守り、翌日は男の子と前で手品をしたという話です。そして手品師のこの行動が、誠実にあたると教えることになっています。

これは本当に誠実な行為だったのでしょうか。

男の子は手品を見ることで気持ちは明るくなるかもしれません。しかし、それは一時的な気晴らしにしかなりません。お腹の足しにはなりません。やがて「手品もいいけど、手品でパンを出して。お腹がすいた」と言うでしょう。手品師にしても、話の中に書いてあるように「その日のパンを買うのもやっと」という生活ぶりですから、仕事を断ってしまったら、その貧しさから抜けることができません。恐らく、男の子との約束の誠実さは、貧しい生活をどうにもできないことで、やがて崩れていくでしょう。男の子も手品師も貧しくパンにも事欠く生活は改善されません。友人の誘いに乗れば、手品師は日々のパンにも困らなくなり、また男の子にパンを買うこともできるかも知れないのです。

手品師も、やがて友人の誘いを断ったことを後悔するかもしれません。手品師と男の子との約束は一時しのぎだったのではないでしょうか。

友人の誘いを断ったことで、売れない手品師はせっかくの仕事のチャンスをなくしてしまったのです。食べるものなしで人は生きられません。リアリテイに欠ける話です。徳目「誠実」を教えるためにつくられた教訓的な教材ですから、当然かもしれません。

価値項目通りに誠実に生きても、お腹は減るし、少しも幸せにはなれないということがこの教材からわかります。

そこで、誠実に生きることで、二人とも幸せになる方法を考え、子どもたちと考え議論する指導案を考えました。

授業展開

単元名　「手品師」

価値項目　A―(2)　正直、誠実

本時のねらい　本当の誠実さとは何か、話し合い自分の考えを深める。

	学習活動（教師の発問T）	学習活動（児童の予想される発言C）	指導上の留意点
導入	T皆さんは手品は好きですか？ T今日は「手品師」という話を読んでみんなで誠実ということを考え合いましょう。	Cトランプ手品は私は上手だよ。 C手品を見ていると楽しいよね。	
展開	Tまず先生が途中まで読みます。 「明日も手品をしてあげると約束した夜、友人から代役として大きなステージに立てるから来ないかと電話があった」ところまでプリントを使うか、黒板に掲示するかしながら教師が範読する。		

さて、このような時、手品師と男の子が誠実に生きて、幸せになるには、どうしたらいいだろう

Tどんな方法があるか考えてみましょう。

Tでは、発表してください。

C約束を守って男の子に手品をした方がいい。

Cでも手品師は仕事がなくて困っているんだよ。

C友人の誘いに乗って手品をした後でも、男の子に手品をすることができるからそっちを優先したらいい。

C男の子には明後日約束を守れなかった事情を話せば、また手品をしてあげることができる。

C手品師はせっかくのチャンスを逃したらまた、パンにも困る生活が始まるのだから、すぐに男の子を探して、事情を言って、友人のところに行って手品をして、その後で、お金をもらって子どもにパンと手品をすれば、2人とも誠実に生きたかいがあるんじゃないかな。

●児童はひとりではなかなか考えが広がらなときは、班やグループで考える。

●いろいろな意見が出てきたら、意見と意見を噛み合わせより深く考えられるように留意する。

Tみんないろいろ考えましたね。知恵を働かせて、誠実に生きることはできそうですね。

段階	発問	予想される児童の反応	留意点
	Tさてこの教材では続きはどうなったか読んでみましょう。 続きを範読する。 Tどう思いましたか？ Tこれからでもどうすればいいでしょうか？ Tそうですね、判断を間違ったと思ったら、やり直すこともできますね。	Cなんか残念だね。 C手品師はもっと知恵を働かせればよかったのに。 C今からでも遅くないから友人に連絡してみたらどうかな。 Cでももう、チャンスはなくなっているかも。	●今までの話し合いを振り返れるように、それぞれ、続きのプリントを配り、個人で読む。
終末	T今日は「手品師」という教材で誠実に生きるにはどうしたらいいか考えました。それぞれ、まとめを書いてください。		

「手品師と友だちの友情」という視点でも展開できるでしょう。また「二人がしあわせになる方法を考える」展開も可能だと思います。

❽「銀のしょく台」の授業づくり（小学校・高学年）

相互理解あっての寛容

「銀のしょく台（レ・ミゼラブル）」の教材（あかつき、学研、学図、東書に掲載されています）は、「私たちの道徳」の表記とはずいぶん違い、各社もそれぞれ違っていますが、主人公ジャン・バルジャンが貧しさのあまり、姉の子どもたちに食べさせる一切れのパンを盗んだ場面は、説明的に出てくることものもありますが、三社は一九年の刑を受け、釈放され町をさまよい、宿を探す場面から書かれています。そんな時たどり着いたのがミリエル司教のところで、司教はジャン・バルジャンを迎え入れ、話を聞き、食事を提供し泊めることにします。夕飯を食べても、ジャン・バルジャンは寝つけず、テーブルにあった銀の食器のことが気になってなりません。「あれを盗めばお金になる」そう考えたジャン・バルジャンは銀の皿を盗み司教のところから逃げ出します。翌日、警官に捕まったジャン・バルジャンに、銀のしょく台も上げたものだと司教が言うのです。そこでジャン・バルジャンはまじめに生きる決心をするという流れです。

授業するにあたり、少々長くなりますが、「レ・ミゼラブル」について説明をします。教材にはありませんが、ジャン・バルジャンは釈放後、黄色いパスポート（一九年の服役、強盗、脱走未遂などジャン・バルジャンの過去が記されている前科者である印のある身分証）をあちこちで提出を求められ、前科者であることが知られ、宿に泊めてもらえません。一九年もの間不当な扱いを受けてきたジャン・バルジャンは、釈放後、今度は町の人々から社会的制裁を受けます。ジャン・バルジャンの心はすっかり荒んでしまっていました。

時代は一七八九年のフランス革命後、産業革命、王政復古など激動期です。ビクトル・ユーゴーは本書発刊の時に、

> 法と規範の名のもとに、社会からの批判というかたちで、文明とは相いれないこの世の地獄をつくり出し、人間の宿命をずたずたにもてあそぶようなことがある限り、貧しさにより男が落ちぶれ、飢えにより女が身をもちくずし、子どもが肉体的にも精神的にも暮らし環境でのびのびとを成長できないという――3つの問題が解決されない限り、そして、社会が閉塞感に包まれる可能性があるあいだ……つまり言い換えれば、広い視野に立って見たとき、この世に無知と無慈悲が残っている限り、本書のような作品の価値は失われずにいるだろう。

と語っています。

この話は現代日本の貧困問題にも通じる、人権について学べる教材です。しかし教材では、ミリエル司教の人格的な素晴らしさある行動からジャンが心を入れ替えるところが中心に書かれています。内容項目もジャン・バルジャンの心を改心させた寛容あるミリエル司教という設定です。決して悪くはありませんが、実はそれでは、ユーゴーの述べたかったことにはとても及ばないのです。

ミリエル司教のような人がいることは歴史的必然であり、ミリエル司教はユーゴーの代弁者です。ユーゴーがこの世の矛盾を描きたかったことを下敷きにし、社会の中で人々の意識もつくられていくこと、司教のような自覚は社会の中ではぐぐまれ、ジャンはミリエル司教から大きな影響を受け、残りの半生を生きていく

という、スケールの大きい話です。人間は社会的な存在であることを考えていくことのできる教材です。

授業をより深めるために、ミリエル司教についてと、ジャンとの出会いについて少々説明をします。ミリエル司教は実在したミオリス司教です。「司教」とはフランスでも百人もいないかなり偉い位で、王政復古の時代はかなり待遇もよく、ミリエル司教は広大な司教館を与えられたうえ、国家から一万五〇〇〇リーブル（一五〇〇万円）を俸給されていました。しかしミリエル司教は、この豪華な司教館を慈善病院に転用し、自分たち（彼と妹と家政婦）は元の粗末な慈善病院に住み、俸給のほとんどを貧民救済や囚人の更生に充てていました。銀の食器がないことに気づいたとき、司教が「いったい。あの銀の食器は、私たちのものだったのだろうか。……あれは貧しい人たちのものだったのだ。あの男も貧しい男じゃなかったかね。」と言っている言葉には深い意味があります。

貧民救済や囚人の更生に生きている司教の生き方が、よくあらわれているからです。

また、銀の燭台と食器はお客を招くときに出すもので、司教は六枚の銀の皿を出す習慣がありました。ジャンが来たときには食事をする人の分三枚しか出ていなかったのですが、妹に残りの三枚を出すように言い、六枚にしたのです。すでに司教はジャンの更生のために、ジャンが銀食器を盗むことも考え、銀食器を用意したのではないかとも考えられます。ミリエル司教の行動を理解する上で、このことは大事です。

もう一つ大事なことは、ジャンが司教のところにやってきたときのことです。司教の家の入口でジャンは「一九年も囚人として生きてきたこと、釈放されても誰にも相手にされない」ことをジャンは大声で言うのです。その時、司教はすぐに家政婦に食事の用意をするように言います。

ジャンは「わかっているのかい？　俺はガレー船で強制労働についていた〝罪人〟で放免になったばかり

なんだ。これがその証拠の黄色い通行券だ。これがあるだけでも、どこに行こうが追い出される。わかっているかい！　俺を信じているやつなんか一人もいない。なのに、招き入れてくれるのか？　ここは宿屋なのかい？　食事と寝床をくれるっていうのか？　本当にかまわないのか？」と言い返します。

司教は家政婦にベッドの用意をするように言います。ジャンは「ほかのみんなは『クズ、出て行きやがれ！』というのに本当に泊めてくれるのか」と尋ねるのです。司教の名前を聞き、ガレー船にも司教がいたこと、説教をされたことなどを話します。司教は「いままでつらい思いをしてきたのですね？」と話すとジャンは、囚人だったころの痛めつけられた話をまた司教に話をします。すると司教は「あなたはむごい所から出てこられたのですね。でも聞きなさい。百人の善良なるひとびとのまとう純白のローブよりも、改心した罪びとの涙の方に、天はより大きな喜びをもたらすでしょう。あなたがもといた場所のひとびとに対して憎しみと怒りをいだきながら、その悲しむべき場所からでてきたのなら、哀れなことです。希望と優しさと、穏やかな心をいだいて、そこから脱したのなら、あなたは私たちよりもすぐれた人間になるでしょう」と話します。

ジャンが銀食器を盗んだ後、改心につながるような意味深長な話です。ジャンの改心は、この時の司教との会話がカギになっていますが、ミリエル司教の生き方に触れることが必要です。司教は単に人格的に優れていただけではなく、ビクトル・ユーゴーそのものであり、司教が「無知・無慈悲のない社会」を築こうとしていた人であることと、この話のあらすじを頭に入れて授業を進めることが大事でしょう。

教科書によっては「付け足し資料」は必要のないものもありますが（あかつきは必要なし）、この付け足し資料で行う指導案に、さらにその「発展」を考えた授業案を考えました。発展の授業を行うことで、ビクトル・ユーゴーが何を言いたかったのか、「無知や無慈悲のない世界」にどう入り、立ち向かっていくのか私たち自身の課題でもあり、論議するにふさわしい教材と言えます。

〈付け足し資料〉

ジャン・バルジャンは幼い時に父母に先立たれ、歳の離れた姉に育てられた。七人の子どもを抱えた姉が夫を亡くして以来、ジャン・バルジャンは父親代わりになって枝切り人夫として働いた。しかし、冬には枝切りの仕事もなくなり、家にはひとかけらのパンもなかった。ジャンは姉の子どもたちのために一切れのパンを盗んだ。しかしその盗みのために、ジャン・バルジャンは一九年間の、重労働が課せられた服役をすることになった。

授業展開

単元名　「銀のしょく台」

価値項目　B―(11)　相互理解、寛容

本時のねらい　相互理解と寛容なこころとは何か話し合い、自分の考えを深める

＊3時間扱い（1次道徳、2、3次総合）

	学習活動（教師の発問T）	学習活動（児童の予想される発言C）	指導上の留意点
1次 導入	T みなさん、ビクトル・ユーゴーの小説「レ・ミゼラブル」ってどういう意味が解りますか？ T 悲惨という意味です。	C 知らない。 C えー。	
展開	T 今日はビクトル・ユーゴーの「レ・ミゼラブル」の中の「銀のしょく台」を学びます。はじめにこの資料を読みましょう。 付け足し資料を教師が音読する。 T 皆さんはジャンがしたことをどう思いますか？ T この時代は貧しい人が多く、刑も重い時代だったのです。ではこの後の話を読んでみましょう。 教師が範読する。	C 泥棒はよくないけど、パンひとつで19年の刑なんて。 C 家にひとかけらのパンもないほど貧乏なんてひどい。 C 子どものために盗んだので自分のためじゃない。	●いろいろな意見が出ることが予想される。盗むことは悪い、仕方がないという意見が出ることも予想しておく。そこで話し合うことをするのも内容を理解する上で有効である。

T みなさんこの話を読んでどう思いましたか。

C ミリエル司教という人はすごい。
C 本当にそんなことできるのか。
C ジャンは本当に改心したのだろうか。

T 実はミリエル司教は実在の人でこんな人だったそうです。
（ミリエル司教について説明する）
「いったい。あの銀の食器は、わたしたちのものだっものだったのだ。」という司教の言葉はどういう意味なのでしょうね。

司教はなぜ、ジャンを許したのでしょう？

C 銀の食器を盗まれて、「しょく台もあげたのに忘れていった」と司教が言ったわけがわかった。やり直すためには元手が必要だからだ。
C 司教のその言葉で改心するなんて作り話だと思ったけど、先生の司教についての説明で少し納得した。
C こんな時代にも、ミリエル司教のような人がいるんだね。
C 自分ができるかはわからないけどね。

T いろんな感想があるでしょうね。

●ミリエル司教についての知識は教師がして理解しやすくする。

終末	T この話は、また始まったばかりのところです。司教の行動についてどのように思ったのか、ジャンの行動をどう思ったか、感想を書いてください。		

【発展】

2、3次 導入	T 前回はジャンが生き直そう、人生をやり直そうとしたところまで、学習しました。みなさん、それぞれ思ったことをよく書いていますね。		●感想を印刷し交流して、前回の振り返りをするのもよい。
展開	今日は「レ・ミゼラブル」のDVDを観ましょう。 2時間総合の時間を使って、「レ・ミゼラブル」のDVDを観て作品全体から学んだことをまとめる。 T みなさん、どうでしたか？ 感想を発表し合いましょう。	C すごい話だね。 C 激動の時代っていう感じ。	●できれば二時間通して観る、前半後半に分けてもよい。

		C 今も世界では戦争をしている国もあるよ。 C 日本だってホームレスの人とかいるよ。	
終末	T みなさんの周りにも、そしてみなさんも大変なことがあるでしょう。今日、学んだことを感想・意見にまとめましょう。		

参考資料「レ・ミゼラブル上・下」「レ・ミゼラブル百六景」
DVD　映画「レ・ミゼラブル」「レ・ミゼラブル25周年記念コンサート」

あとがき

文科省は二〇〇二年「心のノート」、二〇一四年「私たちの道徳」を現場に配布し「道徳」の押し付けを粛々《しゅくしゅく》と進めてきました。そしてとうとう「特設道徳」を「特別の教科　道徳」にすることを強行しました。

二〇一七年八月、「特別の教科　道徳」の道徳教科書展示会が行われました。そこで目にしたものは徳目を教え込む「教科書」でした。そして、あっという間に新指導要領に基づいた授業展開の本が書店に並べられ、インターネットでも盛んに配信されるようになりました。

ヨーロッパを始めとした世界は子どもたちの人権を尊重し、多様性を重視した教育が進められているというのに、日本は、戦前の教育勅語の修身を復活させようとしているのです。世界に恥ずべき「特別の教科　道徳」「教育勅語復活」の道徳を許すわけにはいきません。

私たちは「自分で考え判断し、行動できる子どもたちを育てたい。生活指導・自治活動の中で自己肯定感を育み、相互理解を育み、お互いを大切にし、共に励まし合い生きていく子どもを育てたい。平和を希求する子どもを育てたい」という願いをもってきました。しかし今、それとはまったく逆の方向に向かっているのです。

私たち「対話と共同を育てる道徳研究会」は、「特別の教科　道徳」の問題点をできるだけ早く発信しなければいけないと考え『対話と共同を育てる道徳』の続編として『どうする？　これからの道徳——「教科」道徳への対抗軸を探る』を緊急出版することにしました。

現場の先生方に「特別の教科　道徳」のもくろみ・そのねらい、教材そのものの問題点、どう授業をして対抗していけばいいのか、四月から始まる教科化された「道徳授業」をどうしていくのか、現場の先生方に生かしていただきと考え〝はじめの一歩〟として提起しました。

本書は文科省の道徳教育のねらいを情勢と指導要領の内容から明らかにしました。「特別の教科　道徳」は決められた徳目を「わかりましたね」と教え込んだり、さまざまな討論をしても結論は、始めから決まっている徳目に落とし込む内容であること、教材自体のもつ問題点を分析しました。それでも問題点だらけの教科書を使わなければならないなら、どう授業をしていくのか、実践展開を提示しました。何も考えずに「素直に言うことに従う人間」を育てようとするもくろみを許してはならないからです。

本書の執筆は、第1章は大和久勝、第2章は今関和子、第3章は小座野嘉子、村石真衣子、今関和子の共同で行いました。

現場のみなさんに読んでいただき、感想、ご意見、ご批判をお寄せいただきたいと思います。それらも含めてさらに考え深め、真理や科学に基づいた道徳教育のあり方を提起していきたいと考えています。

最後になりましたが、急ぎ進める今回の企画を京都からしばしば上京し、支え励ましていただいたクリエイツかもがわの田島英二さんに心から感謝申し上げます。

二〇一八年三月

今関　和子

◎編著者・執筆者一覧

大和久 勝（おおわく　まさる）…第１章
1945年東京生まれ。1968年早稲田大学教育学部卒業2005年まで東京都の小学校教諭。大学講師を経て、現在、全国生活指導研究協議会常任委員。日本生活指導研究所所員。
主な著書に、『アパッチの旗』（明治図書）、『「ADHD」の子どもと生きる教室』（新日本出版社）、『共感力―「共感」が育てる子どもの「自立」』（同）、『困った子は困っている子』（クリエイツかもがわ）、『発達障害の子どもと育つ―海ちゃんの天気今日は晴れ」（同）、『対話と共同を育てる道徳教育』他多数。

今関 和子（いまぜき　かずこ）…第２章・第３章
日本女子大学文学部史学科卒業。東京都の小学校教諭を経て現在は大学講師。
全国生活指導研究協議会常任委員。日本生活指導研究所所員。
主な著書に『保護者と仲よくする５つの秘訣―子どもの生きづらさ、親の生きづらさに寄り添う』（高文研）、共著に『困った子は困っている子』『困った子と集団づくり』（クリエイツかもがわ）、『対話と共同を育てる道徳教育』（同）など。

小座野嘉子（おざの　よしこ）…第３章
東京都公立小学校教諭。全国生活指導研究協議会東京支部常任委員。

村石真依子（むらいし　まいこ）…第３章
東京都公立小学校教諭。

どうする？これからの道徳
「教科」道徳への対抗軸を探る

2018年４月30日　初版発行

編　著　ⓒ大和久 勝・今関 和子

発行者　田島英二　taji@creates-k.co.jp
発行所　株式会社クリエイツかもがわ
〒601-8382　京都市南区吉祥院石原上川原町21
TEL 075(661)5741　FAX 075(693)6605
郵便振替　00990-7-150584
ホームページ　http://www.creates-k.co.jp

印刷所　モリモト印刷株式会社

ISBN978-4-86342-234-6 C0037　Printed in Japan

大和久勝・丹野清彦●編著

3 話し合いをしよう

執筆●泉克史・小田原典寿・風野みさき・小野晃寛・古関勝則・髙橋孝明・中村弘之・牧野幸

やってみよう！対話・討論・討議。話し合うことをとおして、
自分たちのことを自分たちの力で解決したり、運営したりする力を育てる。

〈もくじ〉

第１章　話し合いをしよう——ワークショップ編

1　何でも話し合おう
2　いつでも話し合う
3　はじめての話し合い―学級憲法をつくろう
4　学級会の議題はどこから
5　原案を書いて話し合おう
6　決め方はどうする？―多数決 or 全員一致
7　みんなで決めて、みんなで守る
8　困った！ いじめ発見 みんなで討論
9　どうする！ ケンカ発生 個別に対話
10　いやだ！ モノがなくなった

第２章　やってみよう！——実践編

1　低学年：ハル一番の風がふく
2　中学年：王子様の夢はトモダチ
3　高学年：ミュージカル・未来へのとびら

第３章
おしえて！　話し合いづくりとは何？
その魅力と発展展——やさしい理論編

4 保護者と仲良く

執筆●今関和子・小野晃寛・古関勝則・髙橋孝明・西田隆至・安原昭二

先生は保護者が苦手ですか？
「仲良く」って、どういうこと？　何のために？

〈もくじ〉

第１章　保護者と仲良く―ワークショップ編

1　どんな保護者が子どもの後ろに
2　初めての授業参観
3　初めての保護者会
4　家庭訪問で話す工夫
5　新学期に出したい通信
6　いい出来事を連絡帳で
7　トラブルの電話のかけ方
8　しょうがない、あやまりに行くか
9　クレーム電話の受け方、切り方
10　家庭の役割、家庭の悩み

第２章　やってみよう！——実践編

低学年　スワンちゃんの登校しぶりとは何だったのか
中学年　「オレ、不登校になる」からの出発
高学年　雨のち晴レルヤ
低学年　マヤの願いを子どもたちと保護者でつなぎあって

第３章
おしえて！　話し合いづくりとは何？
その魅力と発展展——やさしい理論編

A5 判 180 ～ 186 頁　各本体 1800 円+税